愛而不貪

林徽因的詩意人生與理智愛情

平凡歲月中,純粹的愛與理性

愛而不貪,情而不戀
民國才女林徽因以理智引領愛情
在愛中守住界限,活出一場清醒詩意的人生

沈念 著

目 錄

序

第一輯　那一抹康橋煙雨

你我相逢在黑夜的海上 ………………… 012

多情才子徐志摩 ………………………… 016

那一段清淺的康橋時光 ………………… 020

愛是一場互相成全的細水長流 ………… 024

你記得也好,最好你忘掉 ……………… 027

第二輯　轉身天涯莫思量

重遇昔日翩翩少年 ……………………… 032

無緣相依,再執著都是枉然 …………… 036

不過是一生溫情相伴 …………………… 040

飛來橫禍,病榻交心 …………………… 044

新月社:墨客的落腳地 ………………… 048

文壇盛宴聚三友 ………………………… 052

轉身天涯不思量 ………………………… 056

目錄

第三輯　百般相伴煙火處

那一段刀山劍樹的日子 …………… 060

簡單愜意的賓大時光 ……………… 065

痛失至親的悲傷，只有你懂 ……… 069

堅定理想，遊子學成歸國 ………… 074

第四輯　莫不如塵埃落定

從此我冠上你的姓 ………………… 080

新婚旅行的甜蜜 …………………… 084

父親病逝，傷痛中合力設計墓碑 … 088

香山月好，以詩會友 ……………… 093

志摩失蹤，相思不知處 …………… 097

飛機失事，物是人非 ……………… 101

「康橋日記」之爭 ………………… 105

第五輯　戰火硝煙鸞鳳鳴

日寇鐵蹄之下，顛沛流離地奔逃 … 110

戰火紛飛間相濡以沫 ……………… 114

定居昆明，與老友相聚暢談 ……… 118

於亂世中守住清明……………………………… 123

　　重返來時路，如同夢一場 ……………………… 129

第六輯　勢均力敵的愛情

　　運籌帷幄，清華建築系步入正軌 ……………… 134

　　日夜奮鬥，莊嚴肅穆的中國國徽出爐 ………… 138

　　測圖繪樣，終成靈魂豐碑 ……………………… 142

　　嘔心瀝血，保衛古城 …………………………… 145

第七輯　深情難料意難消

　　半生無相思，一眼定餘生 ……………………… 150

　　一輩子擇林而居 ………………………………… 153

　　愛她就成全她 …………………………………… 156

　　陪伴是最長情的告白 …………………………… 160

第八輯　萬古人間四月天

　　太太客廳：讓自由與詩意綻放 ………………… 164

　　病中筆耕不輟 …………………………………… 168

　　華枝零落，永遠的人間四月天 ………………… 172

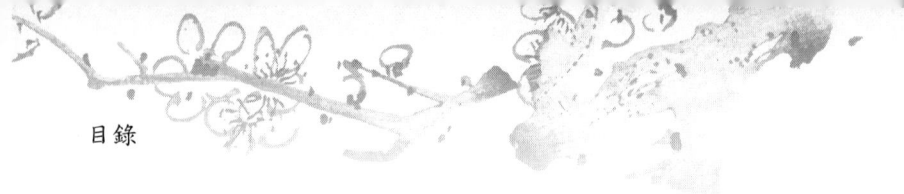

後記　林徽因生命中的三段情緣

徐志摩：佳偶天成，奈何緣難聚 …………… 176

金岳霖：月明人望盡，相思落誰家 …………… 181

梁思成：緣深之時便是春日好時光 …………… 186

附錄　林徽因生平大事記

序

序

　　她生於亂世，卻清醒自持；長於繁華，卻靈透沉靜。紛亂的情緣、顛沛的人生，彷彿只是一抹底色，永遠無法妨礙她擁有一段絢爛的生命。這樣的女子，注定籠罩著一個神祕的光環，讓人不敢輕觸。

　　像所有懵懂而清澈的初戀一樣，初遇徐志摩，16歲的林徽因便被對方浪漫而多情的詩人氣質所吸引。他是一團燃燒的火焰，而她，嫻靜的外表下亦隱藏著一顆悸動的少女心。康橋一見，她的心裡好似開出了一朵花，不絢爛不招搖，卻暗自生香，默然歡喜。

　　在倫敦，兩個年輕人談文學、聊理想，以詩意的情懷度過了彼此生命中最柔美的歲月。都說女人的愛如飛蛾撲火，至死不休。然而，林徽因則清醒果敢。當時徐志摩有妻有家，林徽因不可能放任自己去破壞別人的家庭。風花雪月，美不過碧水青山。琴棋書畫，敵不過柴米油鹽。這個如詩般綺麗明媚的女子，最終選擇讓愛情歸於平淡，與梁思成攜手相伴，一生相守。總有塵埃落定的一刻，你有你棲息的心田，我有我停靠的港灣，愛情原本就是這樣清潔，互不相欠，轉身天涯，各自安好。

　　有人說，選擇梁思成作為自己的終身伴侶，是林徽因最聰明的決定。在顛沛流離的歲月裡，她陪他走過了近十年的逃亡生活，操持家務、照看孩子，一心一意輔佐丈夫的事

業。看似艱苦的日子,在他們的裝點下,如花似錦。

喜歡這樣的女子,紅塵歡愛裡,有無畏無懼的凜冽,俗世煙火裡,亦有迎刃而舞的通達。感情的輕重緩急,她了然於心。

至情至性如陸小曼,與徐志摩的愛情轟轟烈烈、熾熱如火,卻始終無法承受生活裡的細碎點滴,將愛消磨得蒼白無力。她以為:「婚後的生活應該比過去甜蜜和幸福,實則不然,結婚成了愛情的墳墓。」放不下奼紫嫣紅的人間春色,便也無法體悟靜默相守的彌足珍貴。這濃烈的愛,足以將她燃燒,卻無法使她感受到人間煙火裡最踏實的溫暖與篤定。

原本認為,愛情轟轟烈烈時最美,就算痛徹心腑也恨不得將它裝裱起來,掛滿整個曾經。但年歲漸長才發現,一份能讓自己安定、平和的愛情,才是此生最好的收藏。你信任他,他信任你,你放心地把自己交給他,去哪都不再懼怕。

好的愛情,定是這般靜氣,亦如梁思成和林徽因。無須快意恩仇,情感氾濫,只要十指相扣,輕執杯盞,在每一個黃昏日落,靜候煙霞,安靜到無言。

他不浪漫,無法點燃她如火的熱情,只如一顆星辰,甘願隱沒在她的光芒裡,用自己的深情,伴她走到地老天荒。流年心事,她曾為他說出一句話:「我得用一生去回答你。」生死相依,不離不棄。

序

　　從執子之手走向與子偕老,他們相偎相依,溫柔了一世的光景。

第一輯　那一抹康橋煙雨

康橋的雨霧,從來無須約定,常常不期而至。誰也不曾想到,一場異國的偶遇,竟讓兩個年輕人在這裡找到了相似的自己。

第一輯　那一抹康橋煙雨

你我相逢在黑夜的海上

　　有人說，世間紅塵不過是痴男怨女所編織的一場春朝秋夕的美夢，任半生如何紙醉金迷，終究化作飄零。但無論承認與否，這一場或哀怨或甜蜜的夢終將幻化成蝶，如影隨形。

　　都認為紅塵為伴則安樂，卻道凡塵俗世風景萬千，一往情深未必得以白頭，或許乾柴烈火的結局是無疾而終，又或許一見鍾情終究得以細水長流，那無法探究的迷離彷彿成為每一個時代的男男女女為之追隨的信仰。畢竟情竇初開時，試問何人不曾幻想過浪漫且唯美的愛情，不曾貪戀過世俗紅塵中的雲端美夢？其中少女懷春之意更難免多思，思多了煎熬難當，恍如獨坐蘭舟不知所向，空有裙襬輕飄卻尋不得含苞的花蕾，難免百爪輕撓。常人即如此，更不用說如林徽因這般天生詩意滿盈的花季女子。

　　此時，林徽因正端坐在搖椅上，起居室內壁爐的火光搖曳著，把身影照得忽長忽短，但她卻無暇關注。在她對面坐著一名儒雅清秀的男子，此時正談論著英國詩人濟慈（John Keats）的作品〈夜鶯頌〉，他妙語連珠的點評與洋洋灑灑的話

語讓林徽因聽得入迷,這位溫文爾雅的男子正是當時小有名氣的留洋學者徐志摩。

不知不覺夜霧漸濃,兩人雖交談甚歡,亦不禁略感疲倦,於是便相約來日再聚。送走了來客,林徽因回到起居室中,依偎著壁爐回味著方才的點滴。不知為何,近日徐志摩往自家裡探訪的頻率稍稍密集,以致林徽因每當夕陽西下心中總多了一絲期盼。

說是期盼,卻又無法忽略心中那隱隱的不安。那一年,徐志摩23歲,她16歲,面對氣度儒雅的徐志摩,試問一個正處花季的妙齡少女又如何能做到心如止水?一切恰如白朗寧(Robert Browning)的詩歌所寫:「他望了她一眼,她對他回眸一笑,生命突然甦醒了。」現在回想起來,人生真的恍然如戲,若不是那遠渡重洋的決心,恐怕倫敦此時的點滴亦不會被林徽因所遇見,也就沒有了後來為世人樂道的康橋之戀。

1920年春天,整個北京城一如既往地陰雨濛濛。在這個再尋常不過的季節中,當時就讀於培華女子中學的林徽因卻由於父親的一紙書信迎來了新的人生。

書信上是林徽因所熟悉的筆跡,字字蒼勁有力:「我此次遠遊攜汝同行,第一要汝多觀察諸國事物增長見識。第二要汝近我身邊能領悟我的胸次懷抱……第三要汝暫時離去家庭煩

瑣生活，俾得擴大眼光，養成將來改良社會的見解與能力。」

期盼與喜悅從林徽因的心中油然而生，原以為只能在書上得以窺見一斑的歐洲如今近在咫尺，林徽因小心翼翼地收起信箋。北京城的天氣依然重雲如蓋，但在林徽因看來，斜風細雨中卻有一絲清風送爽的暢快。

接下來的兩個月，林徽因與父親林長民均在海上客輪中度過。浩瀚無際的印度洋上，浪濤日夜洶湧著，日復一日從不間斷。很多人認為，海上的生活是寂寥的，但在林徽因眼中，客輪上的生活卻是如此充滿詩意，每日在海風輕撫中觀日出日落，看雲捲雲舒，樂在其中且悠然自得。

按照原先制定的出訪流程，林徽因隨著父親遊歷了法國、義大利、瑞士、比利時等國家，此前從未邁出國門的林徽因在遊歷中看盡了各地名勝建築，這為她日後的建築事業奠定了堅實的基礎。

最終，父女二人的旅程結束於倫敦。由於父親林長民長期駐外公幹，林徽因只能獨自留守於倫敦的寓所中。初次遠離故國的她雖然對眼前的新環境充滿好奇，但無奈孤身一人，只得深閨獨處，沉浸在濃厚的寂寞中無所適從。

一個人的時候，她喜歡依偎在窗前，手捧著英文書沉醉其中，以消磨日復一日波瀾不驚的時光。在她手中，維多利亞時代的小說，白朗寧、丁尼生（Alfred, Lord Tennyson）等名

詩人的詩歌一本接一本輪換著，儘管在中國她早早讀過這些書籍的譯本，然而當她讀過原著後方才發現，中國的文言文譯本根本無法傳達原文那優美動人的情愫。也許，正是這一段靜謐的時光，喚醒了她對文字的熱愛和對愛情的期盼。

世事便是如此奇妙，恰是在此等期盼愛情的年紀，徐志摩的出現滿足了林徽因對另一半的所有幻想，儒雅的氣質與詩人的浪漫恰好把一顆充滿詩意的心填滿，枯燥無味的日子也逐漸充實得恰到好處。

一個是情竇初開的少女，一個是氣質儒雅的才俊，且不說是在異國他鄉的街頭，哪怕將二人丟落在茫茫人海中，他們終究會被對方所吸引。很多時候男女之間便是如此奇妙，有緣之人遠隔重洋亦可相遇相知，無緣之人即便緊緊相擁亦難免同床異夢。

也許是倫敦的煙雨太過撩人，又或許是異國他鄉總有孤獨縈繞，此時的林徽因早已對眼前人心生情愫，純粹而美好的情感無關世俗，亦無關歲月。而林徽因所不知的是，那個從容儒雅的男子此時也為了她而夜不能寐。

至於這一段情究竟是緣是債，是苦是甜，是喜是悲，旁人不得而知，更不要說置身其中如癡如醉的當事人了。但無論怎樣，對於這對男女而言，緣深之時便是春日好風光。

第一輯　那一抹康橋煙雨

多情才子徐志摩

　　秋風輕微，細雨紛飛，倫敦的煙雨總是如此朦朧輕柔，煙雲在殘陽的輝映下變得橘紅。在林徽因眼中，倫敦的雨不如故鄉的煙雨那般唯美，也沒有那無法言語的悲歡，但這雨點卻在林徽因的心中平添了一絲寂寥，讓她感到焦慮和不安。

　　自跟隨父親來到倫敦，已經有一段時日了，孤獨與思鄉之情時刻縈繞在她腦海中，她開始想念學校裡無憂的時光，想念家中無拘的日子，而此時卻只能在緩慢的時光中獨自感傷。

　　若不是父親的叫喚，林徽因定還沉浸在傷感的思緒中無法自拔。循聲而去，發覺父親與客人正在起居室內暢談。只見來者儒雅自如，此時門外雖細雨飄零，可他卻依舊翩然瀟灑，不見一絲狼狽。林徽因一眼認出來客正是徐志摩，至於他究竟何時到來，林徽因不得而知，想必是自己方才太過沉迷。

　　此時，一直神態自若的徐志摩見林徽因前來，微微一怔，隨即起身向她點頭致意，兩人相視一笑，他上揚的嘴角

依舊真摯溫柔，恍如冬日的暖陽一般暫時抹去了林徽因心頭的感傷。

整個晚上，徐志摩與林長民在雨聲中促膝長談。自相識以來，他們這對忘年交無所不談，偶爾談論當前的局勢，也會對英國的文化加以探究。比起林長民，徐志摩雖然閱歷尚淺，可其獨特的見解總讓林長民不住地拍手稱快。如林長民這般閱歷都為徐志摩的才思與見解所吸引，更不用說一旁為兩人沏茶添柴的林徽因了。

關於徐志摩，作家蘇雪林曾如此評價，「徐志摩，這位才氣橫溢，有如天馬行空的詩人；這位活動文壇，不過十年，竟留下許多永難磨滅的瑰麗果實的詩人；這位性情特別溫厚，所到處，人們便被他吸引、膠固、凝結在一起，像一塊大引鐵磁石的詩人」。這樣的人後來能引得無數名媛為之傾心，也就不足為奇了。當然，他的瀟灑倜儻，他的儒雅浪漫，終究離不開幼時錦衣玉食的生活以及書香門第的教養。

徐志摩出身富貴之家，父親是江南富商徐申如。從出生起，他便被寄予厚望。三歲那年，徐申如便聘請了當時最有名的私塾先生對他進行啟蒙教育。幼年便展現出文學天賦的徐志摩，13歲那年寫了〈論哥舒翰通關之敗〉，贏得長輩的賞識，一時間「徐家神童」的說法在當地傳得沸沸揚揚。1918年，徐志摩拜入當時學政兩界地位頗高的梁啟超門下。

第一輯　那一抹康橋煙雨

也就是這一年，公費留美熱潮爆發，徐志摩遵從父命赴美攻讀經濟學博士學位。本來徐申如打算讓兒子留洋進修一段時間後便繼承家業，然而徐志摩到了哥倫比亞大學後發現自己對經濟學沒有絲毫興趣，便私下離美赴英，並在作家狄更斯（Charles Dickens）的幫助下成為劍橋大學的特別生，劍橋嚴謹的學風與自由的生活讓徐志摩嘗到了自由的美好。不難看出，徐志摩的成長歷程是高於時代的，他不必如當時平民百姓般為生活而苦惱，自小優質的教育與殷實的家境使他擁有了高於生活的獨立追求。也許，他的多情與無情、痴情與哀情，彷彿自出生之日起便如影隨之，恰如胡適的評價一般：「他的人生觀是一種『單純信仰』，這裡面有三個大字：一個是愛，一個是自由，一個是美。他夢想三個理想的條件能夠匯合在一個人生裡，這是他的『單純信仰』。他的一生的歷史，只是他追求這個單純信仰的實現的歷史。」

　　生活的不可思議之處便在於每個人總會在那麼一個不經意的瞬間改變生活的軌道。在狄更斯的引薦下，徐志摩與林長民一見如故，很快二人便成了無話不說的忘年交。徐志摩驚嘆於林長民的見識與談吐，而林長民更是對這個風度翩翩的後起之秀愛護有加，因此徐志摩亦樂於常到林長民家做客。

隨著徐志摩與林家的交往越來越頻繁，他與林徽因之間也漸漸熟絡起來。很多時候，徐志摩驚嘆於林徽因活躍跳脫的思維，她對世界的理解既有深厚的傳統之美，同時亦不乏獨特的見解與些許專屬於年輕人的叛逆，這一切都恍如一株即將破土而出的綠芽，使徐志摩不禁萌生愛憐之心。

　　不知從何時起，徐志摩發現自己每每有空便不由自主地往林家奔去，就連他自己也開始混淆，究竟是去找林長民，還是僅僅想見林徽因一面。好幾次到林家拜訪時恰好林長民外出公幹，徐志摩在失落之餘內心卻又升起一絲不易察覺的竊喜。

　　如今，林徽因回到居室之中，方才送走了徐志摩的她此刻遙望著天上的星海，她正在猶豫去還是不去。因為就在方才送客的瞬間，徐志摩向她發出了同遊康橋的邀請。也許當時，沒有哪位女子能夠抵擋這份邀約。回想隨父出遊的這些天，徐志摩的出現的確讓自己在無盡的枯燥與寂寥中尋得一絲慰藉，林徽因很清楚自己的確喜歡與這個如詩般深沉浪漫的男人交談，也隱隱期盼著每一天都與他相見。

　　夜空懷抱著星光，落在每一扇半開半掩的心窗上。如果說世間的男女情愫均源於慌亂的眩暈，那麼如今林徽因的心中除了少女的羞澀外，亦多了份驚喜與期盼。

第一輯　那一抹康橋煙雨

那一段清淺的康橋時光

　　方文山曾經寫過這樣的歌詞:「最美的不是下雨天,是曾與你躲過雨的屋簷。」凡塵漫長,每個人終究會遇到那一抹翩翩白衣的身影,在冷清的世界裡深情地相擁,自此,漫漫長路不再乏味,四季草木不再枯竭,靜謐的時光變得雀躍,眼前灰白從此色彩斑斕。

　　恰如此時林徽因與徐志摩一同漫步在康橋大學,康橋的一花一草在林徽因眼中均化作搖曳的微笑。白雲飄飄,晴空正好,遮陽傘下,兩人微微相依,林徽因偶爾碰及徐志摩臂膀時,抬頭望去,總能看到他溫柔如風的笑容。他們順著蜿蜒的小河緩緩前行,涓涓流水在陽光下閃爍著光亮,河岸三三兩兩的灌木叢中,總有幾株小草伸出水面,隨著流水搖擺著身軀。

　　雖然林徽因在英國已經逗留了一段時間,可深居公寓的她卻沒能好好欣賞真正的倫敦,若不是赴了徐志摩之約,恐怕她此次倫敦之行便要與眼前莊嚴優雅的學府失之交臂。在此之前,她對於英國的印象多是連綿細雨且枯燥乏味,而如今康橋一行讓她即將枯萎的詩意重新煥發。

走至半途，徐志摩邀約她同遊拜倫潭。一想到能一睹當年拜倫（George Byron）所沉迷的風景，林徽因頓覺無比憧憬。對於林徽因而言，康橋一日便勝過英倫百天，他們走過靜謐的幽徑，看古老石磚上的青苔與牆角嬌豔的薔薇；他們走過落葉滿地的校道，看夕陽如火飛鳥歸巢；他們走過華美神聖的教堂，那莊嚴而渾厚的鐘聲直擊心靈⋯⋯

有人說，這一對才子佳人造就了康橋的百態；也有人認為，恰是康橋的古典浪漫才使他們的相逢如此唯美。不論怎樣，那一夜，康橋上兩人的相依相偎喚醒了彼此內心的悸動，那一剎那的對視彷彿融化了時光，那溢出心田的愛意更是在康橋之上刻下了永恆的烙印。

也許是當時月夜太過朦朧，又或許是康橋揮別的那一幕如此雋永，月下佳人的顰目從此烙印在徐志摩的心中。外表儒雅瀟灑的徐志摩內心有無比強烈的情感，他喜歡林徽因眉目間颯爽的英氣，喜歡她的明眸善睞、顧盼神飛，她的一顰一笑足以讓他為之沉迷，那一顆善解人意的心讓他彷彿尋得了今生之靈魂伴侶。

然而，愛情總如手中沙一般，越是緊握則越難以擁有。在徐志摩猛烈且真誠的追求下，林徽因竟開始變得不知所措。他的每一首情詩都飽含著對林徽因的思念之情，他的每一次邀約都帶著無比的期盼，但徐志摩的愛意越是濃烈，林

徽因就越感到無所適從，燎原的愛意讓她望而卻步。

　　才子的愛意總是如此炫目耀眼，恍如大漠黃沙裡的薔薇般引人注目。兩人在倫敦密切交往的消息終究傳到了中國，在林家引起了軒然大波。尤其是林徽因家中的幾位姑姑，她們在寄給林長民的書信中措辭激烈，甚至以家族的名義譴責林徽因的做法。

　　如此佳人才子本是佳偶天成，為何二人之間若有若無的傳言竟會引發如此嚴重的後果呢？其中緣由皆因命運捉弄。遇見林徽因那一年，徐志摩23歲，雖然當時的他正值青年，可實際上早已與髮妻張幼儀結婚6年，並且是一名孩子的父親。

　　當徐志摩還在杭州讀高中時，他的文筆與見識便受到政界名流張嘉璈的讚賞。在盛行父母之命、媒妁之言的當時，張嘉璈很快找到了徐志摩的父親徐申如，希望把妹妹張幼儀許給徐志摩。想到當時張家在政界、金融界的地位，張幼儀更是飽讀詩書的大家閨秀，徐申如便欣然答應了這門親事。

　　雖然徐志摩遵循父親的意願迎娶了素未謀面的張幼儀，然而在他追求自由的人生中，從來不存在任何妥協。對於髮妻張幼儀，徐志摩可謂無情至極，他認為這段無情無愛的婚姻始終是他追求自由與理想路上不可磨滅的「汙點」，他與張幼儀之間的夫妻關係名存實亡，並時刻想要結束這段無愛的

婚姻，讓自由的火焰重新燃燒。

張幼儀多年來為了維護這段婚姻低眉垂首，無悔無怨，到頭來等到的卻是徐志摩遠赴英美的消息，而看似無情的徐志摩卻能夠為林徽因寫下無數深情款款的詩句，甘願化作她身邊遊走的一粒微塵，緊緊相隨，這不免令人唏噓。

多年後，當康橋揮別的情景再次從徐志摩腦海中閃現時，曾經的那一抹淡澀的愛情已化作雲煙，曾經攜手共赴天涯的諾言終究也在時光的推移中變得支離破碎，僅剩下些許斑駁掠影困擾在心。往後的時光裡，康橋成了徐志摩腦海中揮之不去的回憶，恍如他在〈我所知道的康橋〉中寫的一般：「我這一輩子就只那一春，說也可憐，算是不曾虛度。就只那一春，我的生活是自然的，是真愉快的⋯⋯說也奇怪，竟像是第一次，我辨認了星月的光明，草的青，花的香，流水的殷勤⋯⋯」

這也難怪，畢竟那天晚上的月光是如此迷人，就連康橋的優雅浪漫也只能淪為背景，這對月光下的戀人互訴柔情，無論日後如何，當年的匆匆一瞥，足以令人沉浸其中，難以忘懷。

第一輯　那一抹康橋煙雨

愛是一場互相成全的細水長流

　　紅塵奔走,難免牽掛萬千。有的人高朋滿座卻內心孤獨,而有的人只得三五知己仍內心充實。但無論是誰,在茫茫人海中浮沉,終究難以孑然一身毫無牽掛。浮沉聚散中,誰又能夠真正地罔顧世俗,隨心而行？

　　少女懷春的慌亂與羞澀過去後,林徽因開始重新審視這一段感情。雖然徐志摩的浪漫與瀟灑對充滿詩意的林徽因而言是無法抵抗的,然而在濃烈的情愫消退以後,她的理智讓她再次墮入沮喪。

　　多年以後,林徽因的摯友費慰梅（Wilma Fairbank）談及此事時,對於這段看似浪漫唯美的戀情卻有另外的看法:「在多年以後聽到她談及徐志摩,我注意到她的記憶總是和那些文學大師連繫在一起,雪萊（Percy Shelley）、濟慈、拜倫、曼斯菲爾德（Katherine Mansfield）等人。在我看來,在她的摯愛中他可能承擔了教師和引導者的角色,將林徽因引導到英國詩歌與戲劇的世界,以及那些把他自己也同時迷住的新的美、新的理想與新的詩意。」

　　與徐志摩濃烈且激進的愛情觀相比,林徽因的愛情觀相

對而言更為理智，尤其是處於當時的時代中，即便清高如林徽因也難以抵擋世俗的眼光。她不如徐志摩灑脫，為了心中所愛可以眾叛親離，但說到底在這段感情中誰也不曾有錯，僅僅是造化弄人罷了。

1920年，徐志摩離家兩年定居英國後，髮妻張幼儀攜長子阿歡前往倫敦。在張家的不滿與抱怨中，徐志摩不得不將張幼儀接轉身邊，兩人居住在沙士頓的小鎮中。這正值丈夫徐志摩為林徽因傾情之時，於是，每日早出晚歸的徐志摩成了張幼儀心裡求而不得的期盼。初次飄洋過海，張幼儀對於國外的一切都無比陌生，而在徐志摩的漠視中她不得不默默承受著一切。

張幼儀的前半生是可悲的，本以為如徐志摩一樣溫文爾雅的才子，哪怕是不愛也會寬容相待，然而現實就是如此殘酷，徐志摩不愛她，甚至是厭惡她。也許，這就是許多民國女子不可避免的悲劇，身處時代的夾縫中，嫁給不愛自己的人，被孤獨折磨。

林徽因雖與張幼儀從未謀面，但與生俱來的高貴讓她下定決心結束這段匆匆的戀情。在徐志摩率真的追求下，林徽因敏感地意識到徐志摩已經陷入愛情的泥沼中，稍有差池兩人都免不了遍體鱗傷，於是當機立斷，尋求父親幫忙。

當林長民看了徐志摩寫給女兒的情書時，他同樣也感受

第一輯　那一抹康橋煙雨

到了這位忘年交的用情至深,思及若處理不當恐難免傷及他人。於是,林長民隨即回了一封信給徐志摩,寫道:「閣下用情之烈,令人感驚,徽亦惶惑不知何以為答,並無絲毫嘲笑之意,想足下誤解了。」信函發出後,林長民為防女兒被情愛迷惑不能自已,立即安排林徽因隨好友柏烈特醫生一家前往英國南部的海濱小城布萊頓度暑假,待自己完成公事後便立即起程回國。

望著窗外的細雨,林徽因雖心有不願卻又不得已為之,畢竟在他們的愛情面前橫著一條無法踰越的鴻溝,與其雙雙墜入深淵留得罵名,倒不如強忍傷痛轉身離去。

很多時候都很佩服林徽因,畢竟那樣小的年紀就如此清醒自持,在美好的錯誤中忍痛抽離,斷然放手。也許,這就是林徽因與常人的不同之處。在她看來,愛情終究是一場互相成全的細水長流,並非形神俱裂的火光,她的離去不但不是懦弱,更是面對錯愛時的一種勇氣。我們傾其所有,總希望能在愛情裡修得滿分,然而,世間圓滿不易尋,缺憾倒俯拾皆是。

總有塵埃落定的一刻,你有你棲息的心田,我有我依靠的港灣,愛情原本就是這樣清潔,互不相欠。轉身天涯,各自安好,世間就算煙火瀰漫,也不會再有傷害。

你記得也好，最好你忘掉

想來這世間大多人生，磕磕碰碰一路前行莫不都是為了心中所愛而勇往直前，無論你是何種身分，擁有何種背景，終有為愛痴狂時，得之欣喜若狂，甘之如飴，失之波濤洶湧，萬念俱灰。恰如日後徐志摩再次偶遇林徽因時所道出的深情與無奈：「如果有一天我獲得了你的愛，那麼我飄零的生命就有了歸宿，只有愛才能讓我匆匆行進的腳步停下，讓我在你身邊停留一小會吧，你知道憂傷正像鋸子鋸著我的靈魂。」

在渺渺紅塵中，每一次相遇都是命運賜予我們的最閃亮的禮物，相遇後相知相愛更是生命中最值得珍惜的情愫，而離開卻只需一個人狠下心腸的決斷。

從柏林回來的徐志摩剛下飛機便直奔林長民居住的公寓，直到此時他才發現林家早已人去樓空，僅剩下一段回憶的餘溫在裊裊消散。恍然大悟的徐志摩心中劇痛，雖然明知會有這麼一天，可當事實擺在眼前時他卻又難掩傷悲，曾經無怨無悔的傾己所有如今竟化作一屋的空洞。事已至此，徐志摩濃烈的愛意恍如倫敦的煙雨一般無處安放，只得穿過雲煙崩裂在大地。

第一輯　那一抹康橋煙雨

可憐徐志摩在料想到林家早已舉家回國的時候依然心存幻想：也許他們不過是恰逢外出，又或許僅僅是遷居而已⋯⋯但是，如果說當時的徐志摩依然心懷希望的話，那麼林徽因的一紙分手信便成了壓垮他的最後一根稻草。信封上的那一抹紫色彷彿凝結著世間的憂鬱與悲傷，信中字字悲愁，字裡行間一如以往林徽因的風格，輕柔卻又讓人驚覺無比沉重，看似依依不捨卻又如此決絕：「志摩：我走了，帶著記憶的錦盒，裡面藏著我們的情，我們的誼，已經說出和還沒有說出的話走了⋯⋯」

在信中，林徽因提到了張幼儀，也講到了自己的不捨與世事的無奈，到最後就連書寫者也無法道清此去經年二人能否得以重逢，只得把命運交由神靈。信的最後，落款依然是徐志摩曾經無數次呼喚的愛稱，只是此時的「徽徽」聽起來早已不再調皮嬌俏，反而讓人有一種訣別之意。

此時的林徽因與林長民正坐在回國的船艙中，父女倆沉默不言，偶爾相顧卻又默默低頭，船艙裡的行李箱有序地擺放著，一路上彷彿還散發著倫敦獨有的氣息。偶爾起風時，林徽因喜歡走出船艙讓海風撲面，那鹹澀的味道有一種神奇的魔力，能夠讓她感受到回憶的溫熱與苦澀。

林徽因的離去讓徐志摩的生活變得支離破碎，失落、傷感、失望困擾著他，他的一腔真情在一夜之間變得無處宣

洩，只得把情愫寄於筆端，把欣喜與甜蜜獻給星月，把思念與盼望獻給山河，把憂傷與回憶撒入花草。強烈的愛意化作黑夜的反噬，一句句悲情且傷感的詩歌鋪滿了他的稿紙：

我是天空裡的一片雲，

偶爾投影在你的波心──

你不必訝異，

更無須歡喜──

在轉瞬間消滅了蹤影。

你我相逢在黑夜的海上，

你有你的，我有我的，方向；

你記得也好，

最好你忘掉，

在這交會時互放的光亮！

對於這對才子佳人而言，別離總難免感到不捨，卻又是萬般不得已。康橋一別，二人從此遙遙相望，他住在了她心中最純潔的角落，而她卻活在了他心底深處的小居。

自康橋一別後，林徽因在繼續學業的同時也開始新詩創作，這一舉動在相當程度上是受到了徐志摩的影響。她的詩歌空靈潔淨，讓人身處其中如痴如醉，而這一切都源自她回憶裡那個充滿浪漫與唯美的春夏。

第一輯　那一抹康橋煙雨

　　這一段感情，於林徽因而言，是少女溫柔的愛情之夢；之於徐志摩，是詩人浪漫自由的理想之愛；然而，對於張幼儀來說，卻是人生裡最痛苦無助且無法磨滅的煎熬。

　　對於已經不再愛的那個人，有人選擇繼續做朋友，有人老死不相往來。這兩種態度不能說誰對誰錯，因為性格決定人生選擇，而無論以何種關係繼續以後的生活，都要保證自己不被那種關係所困擾。林徽因和徐志摩此後一直是好朋友，因為林徽因夠理智夠清醒，她知道自己的心已經給了梁思成，再無可能與他分開，所以才能坦然地與徐志摩相處。

　　人的一生終究是一個人的一生。不是說要孤獨終老，而是大家各自有所追求，有緣分就相遇，有緣無分、情深緣淺是常事，分開也未必就會痛苦得無法自拔。人生如戲，一場落幕下一場又要開始，自然也不必過分耽於昨天。你記得也好，你忘記也罷，生命本就如輪迴一般，來來去去，何曾為誰有過絲毫停歇？

　　無論往昔如何，1921 年的春天林徽因回到了北京的女子學校，熟悉的空氣讓她很快融入了學校的生活，她重新擁有了大量的時間考慮未來。而此時的她不過年方十七，正值芳華，在她前面還有太多的美好尚未觸及，恰是遙遙前路漫漫，餘生尚可期待。

第二輯　轉身天涯莫思量

　　世界上最堅韌的不是石頭,是水。
　　林徽因就像流水,靈活柔軟地避開了執著的利刃,從那風花雪月的迷陣中全身而退。

重遇昔日翩翩少年

問世間情為何物，直教人生死相許。古往今來多少痴男怨女追隨愛情，為愛化灰不惜生死兩茫茫，仍然無法參透。畢竟，愛本無垠，飄渺難定，相濡以沫是愛，暗自思量是愛，乃至唇槍舌劍亦是愛。被愛情青睞的人總是沉浸在甜蜜的糖罐中安享白頭，而不得者難免奔走於凡塵俗世中顛沛流離。

也許，愛與錯不過一念之間，甘之若飴未必得以相守，而一粥一飯亦有其樂趣。在沒有重遇梁思成之前，林徽因心中的愛情大多源於年幼時所讀過的書，它是相遇時的怦然心動，是相擁時的柔軟溫熱，而徐志摩的出現恰好滿足了她對愛情的幻想，只可惜天不遂人願，在錯的時間遇到相愛的人，結局難免黯然。

回國以後，林徽因回到了熟悉的校園生活中。那是一個和煦的午後，她跟往常一樣走在回家的路上，身邊白衫黑裙的女孩三五成群，偶爾傳來銀鈴般的歡笑，引得路人頻頻回望。陽光下道路兩側青瓦紅磚閃爍著樸實的光，偶爾一株杜鵑從牆後探出頭來，甚是調皮。

家中熟悉的庭院總讓林徽因更覺舒坦，客廳此時有來客

拜訪，林徽因見狀不欲干擾，便自顧往小院走去。自從林長民一家搬到北京景山後街以後，林徽因與母親便跟隨遷往這座典雅的院落。母女倆居住的小院中架有一株紫藤，蒼翠的葉片密密匝匝地纏藤繞莖，常把晴空萬里篩成滿地斑點。

正當林徽因穿過迴廊時，母親碎步走來，見她頓時大喜，並邀其同往大廳。大廳內，二娘程桂林正招待著來客。廳內來客二人，年紀稍大者林徽因自然認得，他便是以提倡維新變法而名震一時的梁啟超。梁啟超與林長民早年便於政界相識，結為摯友後來往頻繁。而梁啟超身旁正襟危坐的少年郎雖然有那麼一點面熟，但林徽因卻無從記起了。林徽因的到來讓這名斯文有禮的少年彷彿多了一絲局促，偶爾與她四目相視的瞬間少年總將眼神抽離，略顯不安。

後來，在母親的提醒下林徽因方才憶起，其實自己早在三年前便已經與梁思成有過一面之緣。那一年林徽因才14歲，一名叫梁思成的少年獨自前往林家拜訪，他精神抖擻且目光堅毅，厚實的眼鏡片後彷彿有讓人無法看穿的一面。

當時林長民告訴她，這位少年便是維新派領軍人物梁啟超的長子梁思成，讓林徽因以禮相待。梁思成離開以後，二娘程桂林曾偷偷告訴林徽因說林長民有意撮合二人，嚇得林徽因面紅耳赤報然離去。

人生偶合皆由天定，任誰也沒有想到，這次偶然且短暫

的相遇在日後竟化作繁花萬千,林徽因淡雅的形象恍如一團飄落的柳絮般悠悠盪盪,在徐徐清風中飄過滾滾紅塵,輕眠在梁思成稚嫩的心田,落地生根。

梁再冰曾在《回憶我的父親》中這樣描述父母初次見面時的情景:「門開了,年僅十四歲的林徽因走進房來。父親看到的是一個亭亭玉立卻仍帶稚氣的小女孩,梳兩條小辮,雙眸清亮有神采,五官精緻有雕琢之美,左頰有笑靨;淺色半袖短衫罩在長僅及膝的黑色綢裙上;她翩然轉身告辭時,飄逸如一個小仙子。」林徽因的美麗、清淡、純潔、稚氣讓梁思成留下了極深刻的印象。

轉眼三年過去了,當年羞澀懵懂的小女孩如今已褪去了稚氣,亭亭玉立,而梁思成也在八年清華學堂時光的雕琢下變成了翩翩少年。

如果說三年前兩人的匆匆一瞥不過是清風微拂,輕點心弦,那麼三年後的重遇則讓兩人走進了彼此的心中。在梁思成的眼中,經歷了一年多異國生活的林徽因已不再是當年一臉稚氣的小女孩,她的見識閱歷、氣質風度乃至一顰一笑都讓他無比傾心。

紅塵世事便是如此不可預料,剛剛從一段失敗愛情中抽離出來的林徽因並沒有拒絕梁思成的追求。也許對於林徽因而言,山盟海誓始終不如歲月靜好。最好的愛情並不是**轟轟**

烈烈，山雨欲來，而是細水長流，塵埃落定。

與梁思成同行的時光總是如此柔暖迷人，他們結伴同遊北海，看暖陽下的湖光山色如何明媚；他們相約參拜太廟，在莊嚴敦厚的傳統氛圍下感受人聲鼎沸；他們並肩走在清華學堂的校道上，感受著最高學府深厚的文化氛圍……

也許，連林徽因自己也不清楚是從什麼時候開始喜歡與梁思成在一起的時光，甚至難以言明他們之間的這種莫名情愫緣起何處。也許是在烈日下的那把遮陽傘下，也許是在人潮洶湧處，又或者是紫藤花下彼此的覥腆，尋常街道上的並肩無言。想著想著，林徽因發現無論思緒飄向何方，她的身邊總有那麼一個熟悉的身影相伴，他不善言辭卻不至木訥呆滯，他相貌平平卻寬厚有禮，讓人深覺無比安穩。

與梁思成共同經歷的點點滴滴如同暖陽般灑在每個角落，讓她的世界從此風和日麗。在暖陽下，她不自主地傻笑，望著窗外的枝丫；在清風中，她發自內心地歌唱，伴隨著雛鳥的呼喚。在梁思成的身邊，林徽因總可以無拘無束地做最真實的自己，她的歡欣總能換來他真摯的祝福，她的煩惱總能換來他體貼的開解，就連她的小脾氣也總能換來他的包容與信賴。

也許此時林徽因並不知道，甜蜜並非只是如夢如幻的承諾，這種白雲一般輕柔的情愫也是幸福的味道。

第二輯　轉身天涯莫思量

無緣相依，再執著都是枉然

滾滾紅塵，試問何人能一往無前，把往事裝進行囊？前方總能尋得花間酒一壺，最怕花香入髓，心緒難平，漫天落花難敵心頭好。

異國他鄉的徐志摩此時正為他所失去的愛情而失落不已，此時的他才看清，康橋的月光原來如此遙遠，看似皎潔明亮卻無法照亮自己的身影，曾經盛開的繁花早已歸根，曾經碧波蕩漾的河水再也不見漣漪，世界恍若死灰將他重重包圍，赤地千里難覓安身之所。正道是：卿本別，郎心隨，煙雨朦朧意難消，不見芳蹤，莫談前路何逍遙。

此時，徐志摩的髮妻尚在德國柏林安胎，徐志摩完全能夠前往柏林與妻子同住，但無奈徐志摩不僅對張幼儀沒有絲毫感情可言，還將她視作走向自由的最大阻礙。關於徐志摩對張幼儀的厭惡，更有一個這樣的說法：當年張幼儀攜長子前往倫敦時，徐志摩在接到張幼儀後第一件事情便是帶她逛遍倫敦的服裝店，避免自己與「鄉下土包子」同行。後來張幼儀在沙士頓期間懷有身孕，徐志摩不問緣由便讓張幼儀把胎兒打掉。就當時而言，若非貧苦之家或是另行改嫁，一般女

子均不願冒險打胎。然而在張幼儀的苦苦哀求下，徐志摩依然心如鐵石，冷漠回應：「打胎是有風險，但火車肇事也會死人，難道就不坐火車了嗎？」可憐為愛卑微的張幼儀，在徐志摩頻頻離家的情況下，不得不前往德國投靠兄長，靜休安胎。也許當時的她依然對徐志摩心有期盼，妄想著日後他能浪子回頭，重返家中。殊不知，安胎期間張幼儀竟等來了一封離婚信。

徐志摩在寄給她的信中寫道：「真生命必自奮鬥自求得來，彼此有改良社會之心，彼此有造福人類之心，其先自作榜樣，勇決智斷，彼此尊重人格，自由離婚，止絕苦痛，始兆幸福，皆在此矣。」

關於徐志摩執意離婚的說法，在民間有各種臆測，其中有部分著作談及在徐志摩決意離婚之前，他曾與林徽因有過書信來往，林徽因在信中表明自己不嫁有婦之夫，要求徐志摩在自己與張幼儀之間做出抉擇，促使徐志摩決意離婚。

自然，種種說法不過是後人猜測，未可當真。但實際上為愛痴狂的徐志摩與張幼儀離婚一事卻是板上釘釘，為了追求生命中的愛與自由，徐志摩不惜拋卻身後糟糠之妻，淨身出戶尋求他理想中的唯美愛情。

此事在當時的文學圈中引起了極大的轟動，對於徐志摩的做法世人毀譽參半，而作為徐志摩的恩師，梁啟超更是專

門寄給愛徒長信，洋洋千字直抒胸臆，以肺腑之言望能規勸他打消離婚念頭。

在長信中梁啟超對徐志摩此等做法提出兩點建議：一為萬萬不得將自己的快樂建立在他人的痛苦之上，貿然離婚只會傷害妻兒，以已知的痛苦換取未知的未來，實非明智之舉；二是古往今來世人皆追隨愛情，但凡塵之美可遇不可求，若是逆緣而往，難免徒增煩惱。

然而，為了得美人傾慕而拋家棄子的徐志摩哪裡聽得進恩師的勸言，他奮筆疾書，在回覆梁啟超的書信中慷慨陳詞：「我將於茫茫人海中訪我唯一靈魂之伴侶；得之，我幸；不得，我命，如此而已。」

1922年，張幼儀在柏林誕下次子。沒等張幼儀坐完月子，徐志摩便迫不及待地趕赴德國，邀來吳經熊、金岳霖等當代頗有名氣的學者作證，正式與張幼儀離婚。

在徐志摩眼中，結束這段沒有愛情的婚姻便如同砍斷世俗的枷鎖般痛快，恢復獨身的他此時再也不必為世俗的眼光所影響，如今的他再也不必承受相思之苦，可以肆意去追逐自己尋覓已久的自由愛情，因此在他離去的時候自然沒看到背後那不捨的淚光。

一心掛念著林徽因的徐志摩回到倫敦處理好學業後直接回國。在踏上歸國的征程時，他非常興奮，在他看來，觸手

可及的美好便在眼前,在愛情的世界裡他如孩子一般天真,然而現實的殘酷卻一次次將他推向崩潰的邊緣。

1922年8月,徐志摩回國後迫不及待地奔往林家,一心想要再續前緣的他並沒有如願,甚至連那日思夜想的面容也不得窺見,林府門前那一張蒼白的紙條讓他剛剛燃起的希望頓時被撲滅。

後來,徐志摩從朋友的口中得知,林徽因在回國後重遇了梁思成,兩人相知相愛,如今已到了談婚論嫁的地步。可憐徐志摩為了追隨林徽因的腳步不惜拋卻家庭與名聲,到最後卻不能如願。

其實人間情愛大多如此,你為我垂眉低首,我卻為她傾己所有,各自追隨心上愛人又忽視了身邊的愛,在緣來緣往中虛度時日,最後卻始終獨身一人。相愛的人未必白頭偕老,而未曾有情的夫妻也有幸福,這也許便是感情的獨特之處,彷彿一切冥冥中早就注定。

不過是一生溫情相伴

　　心動之時人皆有之，難得的是一生相伴無悔無怨，因為彌久的愛使生活變得醇香，無悔的陪伴讓未來變得可期。

　　自從林徽因與梁思成二人有意無意結伴同遊之時，家中親朋就已看出端倪，親人們開始私下商量著兩人的婚事，對此最為欣慰的莫過於梁思成之父梁啟超。

　　每每林徽因與梁思成出雙入對時，梁啟超便喜上心頭，甚至在寫給女兒梁思順的信裡也難掩喜悅之情：「老夫眼力不錯吧，徽因又是我第二回的成功。」而在梁啟超眼中，撮合了梁思順與周希哲的婚事是他的第一次成功。與當時父母之命的婚嫁迎娶不同，梁啟超認為將自己精心挑選的伴侶介紹給孩子，並由孩子自己決定婚姻才是婚姻制度最理想的方式。

　　不僅是家中親朋，就連林徽因與梁思成也開始對未來有所憧憬。梁啟超與林長民早已商量好，待梁思成畢業後便將二人送往美國留學。林徽因告訴梁思成她到美國後準備學習建築，梁思成很震驚，畢竟當時中國建築並沒有專門的學科，大部分人都習慣把建房子與建築混為一談。看著眼前清

秀高雅的林徽因，梁思成將其與渾身汙濁的漢子相比，不由得暗自發笑。看梁思成不解，林徽因向他談起她在歐洲看到的建築，無論是古老的教堂還是蘊含古典美的皇家別墅，在她的描述中都令人無限神往。看著心上人神采飛揚的樣子，梁思成下決心拋卻曾經虛幻而遙遠的政治夢想，潛心鑽研建築產業。

許多年後，梁思成以其出色的成就被公認為建築產業的權威，並為現代建築業的發展做出了不可磨滅的貢獻。後來，每當梁思成說起自己投身建築產業的由來時，他總是無比自豪地提起當年與林徽因的往事：「在交談中，她談到以後要學建築。我當時連建築是什麼都還不知道。徽因告訴我，那是包括藝術與工程技術為一體的一門學科。因為我喜歡繪畫，所以我也選擇了這個領域。」

兩家人準備為林徽因與梁思成籌備婚禮，但梁啟超卻主張應該讓兩個孩子先完成學業，待到學業有成時再談婚嫁之事，他認為過早結婚會影響二人的學業與事業。

林徽因與梁思成遵從梁啟超的意見，為了日後的學業，他們漸漸收斂對彼此的情愫，開始準備赴美留學事宜，但一想到即將可以離開家，到遙遠的大洋彼岸去享受二人世界，兩人便又無比興奮。

幸福的滋味有多長，凡塵男女無從知曉，若不是那瀟灑

第二輯　轉身天涯莫思量

翩翩的身影出現在梁家大院，恐怕林徽因如今依然沉浸在甜蜜的愛情之中。作為梁啟超老先生的得意弟子，徐志摩回國後前來拜訪恩師亦算是無可厚非，然而恰逢林徽因與梁思成結伴歸來，重遇徐志摩，曾經的唯美回憶再次湧來。

雖然此時二人表面看似若無其事，但徐志摩的內心早已波濤洶湧，無情的現實將他心中最後的希望一點點侵蝕。原在回國後便已聽聞林徽因與梁思成這對天作佳偶之間的事，而徐志摩也在無數個輾轉反側的夜晚痛定思痛，在心底築起了看似牢不可破的城牆，如今卻被林徽因溢於言表的幸福輕鬆擊垮。

與徐志摩重遇後，過去的點點滴滴與那熟悉的身影在林徽因的腦海中總是揮之不去。那段時間林徽因深居簡出，往梁府奔的次數也漸漸減少，但是她心裡無比明確，那一段康橋的回憶僅僅是過去的一片風景，雖美不勝收卻難以重現，往日的溫情早已煙消雲散，對徐志摩的傾慕之情也只能掩埋在回不去的從前。

梁思成自然懂得林徽因與徐志摩之間微妙的情愫，但他並沒有因此感到慌亂，他能在林徽因眼中看到輕柔的波光，那淡淡的溫情讓他感到無比安心，即使沒有風花雪月的過去，那平常的歲月也溫暖了彼此，照亮了前路。

說到底，梁思成與林徽因一樣，雖然各自散發著耀眼的光芒，但彼此卻都心懷平凡的夢想，他們所追求的僅僅是一粥一飯，還有彼此相依的每一個日夜。他們都不曾妄想擁有更多，因為擁有了彼此便讓整個世界黯然失色，畢竟若有一生溫情相伴，又何懼世事無情變遷。

如今，林徽因早已心無雜念，輕鬆舒適的生活讓她漸漸喜歡上與梁思成在一起的日子，此時的她一心想要準備好留學的事，與梁思成在大洋彼岸同行千里。然而，在二人準備赴美留學之時，一場意外打亂了他們的行程……

飛來橫禍,病榻交心

小時候,我們總以為時光如鵝毛大雪一般,片片飄落融於身,那點點的痕跡逐漸塑造出更加成熟的自己。長大以後才發現,時光總是流逝無聲,成長就像傾盆大雨一樣,突然洗去我們的稚嫩與幻想,讓人在一瞬間長大。

1923年,對於林徽因而言是很重要的一年。那一年,她以優異的成績從女校畢業,並且贏得了半公費出國遊學的機會;那一年,徐志摩從上海趕往北京,獨身的徐志摩與她重逢,並創辦了「新月社」;那一年,她與梁思成的感情迅速升溫,成為親友眼中天造地設的一對……

老實說,面對梁思成與徐志摩兩位社會菁英的傾慕,林徽因不可能不為所動。雖然林徽因此時已對梁思成動心,但徐志摩的出現則讓她的內心出現了一絲猶豫。然而,那一年夏日無端降臨在梁思成身上的災禍,讓林徽因在一瞬間看清了自己心之所向,自此與徐志摩遙遙相望。

1923年5月7日,梁思成與弟弟梁思永放學後於南長街的家中會合,一同前往長安街參與學生示威遊行活動。當時,兩人騎著摩托車前往,然而剛駛出南長街口,一輛小汽

飛來橫禍，病榻交心

車便從轉彎處急速駛出，從側面撞翻了梁家兄弟的摩托車，坐於後座的梁思永被撞飛幾尺遠，而梁思成則被壓在摩托車底下，左腿傳來的一陣劇痛使他昏死過去。

肇事者看二人都有損傷，隨即逃逸。梁思永忍著劇痛爬起後，發現梁思成早已不省人事，左腿更是血流如注，煞是嚇人。見此情形，梁思永也顧不上自己身上的傷，忙不迭往家裡跑去。梁家門房老王看梁思永滿臉是血，忙喚來梁啟超，在得知事情始末後，老王立刻奔向街口，將梁思成背回家中。

看到愛子不省人事，臉色蒼白，就算是見慣風浪的梁啟超亦難掩焦慮，一直守候在梁思成身邊。要知道在梁公的安排下，梁思成即將赴美留學，前途一片光明，如今卻遭遇車禍生死未卜，想到這裡梁公不禁一陣悲痛。所幸在梁啟超的呼喚下，梁思成漸漸醒了過來，此時的他面無血色，恍惚間看到父親驚慌失措的樣子，誤以為自己將不久於人世，不禁悲從中來。

見愛子醒來，梁啟超一邊催促下人去請醫生，一邊故作鎮定地安慰著梁思成。所幸梁思成被診斷為左腿骨折，當醫生告訴梁啟超說梁思成生命無恙，只是小小的腿傷無須手術時，這位老父親方才放下心來。但是讓梁啟超意想不到的是，雖然他讓梁思成做了當時最全面的檢查，卻出現了誤診。

第二輯　轉身天涯莫思量

　　實際上，梁思成傷得十分嚴重，不僅左腿複合型骨折，而且脊椎也受到了挫傷，靜養數日後病情變得越來越嚴重，發現誤診後，醫生雖然竭盡全力醫治，可已經錯過了最好的治療時機。從那以後，梁思成的左腿便比右腿短了一公分，並且落下了脊椎病的後遺症。

　　愛子被撞的事情讓梁啟超怒不可遏，他用盡了所有方法與人脈調查當日事情的始末，得知當日撞梁思成的恰是大總統的親信金永炎，作為北洋軍閥之一的他當時在目睹了司機肇事後，非但沒有承擔責任，反而命令司機立即開車離開。最終，在梁啟超的譴責與媒體輿論的壓力下，金永炎親自前往醫院探望，並且主動承擔了醫藥費用。

　　然而，雖成功討得了公道，傷痛依然困擾著梁思成。時值夏日，空氣彷彿在烈日下停止了流動，此時的梁思成腿上打著石膏，不能翻身，更不得下床，只能終日躺在病床上鬱鬱寡歡，幸虧有林徽因每日雷打不動的陪伴。

　　當時，林徽因早已從女校畢業，本打算與梁思成一同赴美留學，可突如其來的意外讓二人不得不暫時留下。那一年的暑假，林徽因與梁思成都在病房中度過，恰是這個毫無生氣的地方，讓彼此的感情再度升溫。

　　每日早晨醫生查完房後，梁思成便開始盼望著林徽因的到來。生怕他無聊，林徽因每次前來都帶著當日的報紙與雜

誌,偶爾梁思成的腿痛得厲害,林徽因便為他讀小說,讀新詩,好讓他轉移注意力,減輕痛苦。為了讓梁思成能夠讀到國外經典名著,林徽因還特意將英國作家奧斯卡・王爾德(Oscar Wilde)的童話作品《夜鶯與玫瑰》(*The Nightingale and the Rose*)翻譯成了中文。

那一年,林徽因 19 歲,她懂得了愛,也學會了生活。

在林徽因無微不至的照顧與陪伴下,梁思成感到漫長的臥床生活也不再難熬了,而林徽因看著梁思成一天天康復,每每想到餘生還能與眼前人共同度過,她的心裡便感到無比慶幸。

恰是這次飛來橫禍,讓林徽因深刻意識到自己對梁思成的感情竟然已經這樣深,此時的林徽因再也不渴望小說裡轟轟烈烈的愛情,她很明白,她的愛情是清淺靜謐的,是一起牽手前行的溫熱,是為他洗衣做飯的平淡,是彼此發自內心的微笑,這些足以抵抗所有的誘惑與風雪。後來的事實也證明,與梁思成一起度過的每一天都是她最幸福的一天,他們一起學習,一起工作,就算國家陷入危機之時,他們依然在悽風苦雨中勉勵相伴。

新月社：墨客的落腳地

要說感情之事，若是沒有遇到對的人，結果總是意興闌珊。如徐志摩這般優秀的人在愛情面前也難免失意。心動從不為因果而起，緣來緣盡不由己。在這段感情中，徐志摩遍體鱗傷，他嘗試過忘卻往事，往事卻總在星河爛漫的夜晚歷歷在目，體內洶湧澎湃的情愫無處宣洩，唯有將之寄於筆端，讓敏感的心在文字中飄蕩。

恰逢當時政局動盪，民不聊生，學者們更是空有一身才華無處用，於是，在北京興起了聯誼聚會活動，各種夏天的消暑會、冬天的消寒會、春天的迎春會等均成了學者展現自己以及擴大影響力的舞臺。不知不覺中這種風氣一直蔓延至文藝界，這也讓徐志摩藉著忙碌與交際撫平他那受傷的心靈。

1923年，徐志摩、胡適等人發起文學社團「新月社」，並在北京西單石虎胡同七號租了一個四合院，愛好文學的人們可在此聚會，品古論今無所不談。此外，徐志摩等人還創辦了《新月》雜誌，當時有很多頗具影響力的作家如梁實秋、聞一多等人都願意為之效勞，後來該社團成為中國現代文學史

上最具影響力的文學社之一。

關於新月社的名號，後人認為徐志摩是借鑑了泰戈爾（Rabindranath Tagore）的詩集《新月集》（*The Crescent Moon*）之名，但徐志摩則不止一次在人們面前表明，他夢想中的文學社可以不具備強而有力的影響力，但它必須「懷抱著未來的圓滿」，哪怕如今只是一個小小的社團，如新月一般纖弱。

歷盡滄桑的徐志摩一心將精力放在新月社上。根據記載，當時的新月社可謂北京文人的聚首之地，環境優雅，還可供社員玩樂休憩：「新年有年會，元宵有燈會，還有古琴會、書畫會、讀書會⋯⋯有舒服的沙發躺，有可口的飯菜吃，有相當的書報看。」

在這種安然怡情的環境中，大家舉辦沙龍、遊園等文藝活動，吸引了越來越多的文人墨客前往，而最讓徐志摩驚喜的是，在日漸增多的來者中竟然出現了他日思夜想的纖纖身影。

在多次文藝活動中，林徽因和表姐曾語兒等人結伴出現，每當看到那一抹淺白的身影，徐志摩都心如刀割，而林徽因清澈如水的眼神時刻提醒著他曾經的夢想早已幻滅，可每當林徽因離去時徐志摩卻又萬般不捨。在此不得不佩服張愛玲竟然把男女之情寫得如此通透：喜歡一個人，會卑微到塵埃裡。而如今為情所困的徐志摩便是如此，哪怕心痛不

已,仍願意一窺佳人倩影,期望著這份卑微到塵埃裡的愛最終能夠開出花來。

在此期間,為壯大新月社的影響力,徐志摩與新月派代表詩人陳夢家對社團詩人作品進行梳理歸納,並編製成《新月詩選》。其中,林徽因的〈笑〉、〈深夜裡聽到樂聲〉、〈仍〉等多篇新詩入選。

雖然一直以來林徽因都不承認自己是新月派的詩人,但是她確實在這個新興的文學平臺上發表了不少作品,也是在這個時候,林徽因的大名得以在文學圈傳播開來。

後來,在新月社失去了徐志摩等骨幹後,林徽因更是憑著自己的詩歌讓這個曾經無比輝煌的文學社重煥光彩,期間更是寫下〈別丟掉〉、〈情願〉等膾炙人口的新詩,算是為徐志摩這位摯友的夙願奉獻了自己的一份力量。

但這些都不過是後話。在新月社發展初期其名聲響徹整個北京,社內每一名社員在當時都是名震一時的人物,因此本是以聚會形式而建立的新月社逐漸發展為俱樂部形式的社團,越來越多的名家爭相加入,相互交流切磋。

隨著林語堂、陸小曼、凌叔華等名流的加入,新月社逐漸成為當時北京上流人群聚集首選之地。在徐志摩等人的帶領下,社團內大家親切相處不分你我,乃至於張幼儀的兄長張君勱、林徽因的父親林長民以及梁思成的父親梁啟超等人

也成了新月社的座上賓,一時之間社團在整個北京城風頭無兩。

恰是在這段時間裡,徐志摩和林徽因兩人彷彿抹去了曾經的芥蒂,如初相識的朋友般相處,徐志摩從這份單純的情誼中尋得了精神的安慰。想想,若不是徐志摩追隨林徽因來京,恐怕他們之間的故事早已告一段落。正是徐志摩的不甘與不捨,讓兩人在新月社中重新有了交集。雖然林徽因自此至終都選擇與梁思成在一起,但她曾經與徐志摩的相知相識讓他們當了一輩子的朋友,以更加清澈單純的關係繼續交心同行。

而當時的他們並不知道,在不久的將來,他們將迎來一名獨特的外國友人,他的到來讓整個文學界震驚不已,同時也讓林徽因與徐志摩又有了單獨相處的機會。

文壇盛宴聚三友

往事如新茶，每每回想曾經的風華，難免沉浸在回憶中，或笑或悲，但總是美好的。然而當回到現實中，卻發現，往事在時光的浸泡中漸漸失去了味道，唯有心中那一絲若隱若現的牽掛，始終把過去的情愫牽引於心，牽一髮而動心神。

1924年4月，在梁啟超、蔡元培等新月社骨幹的邀請下，印度詩人泰戈爾答應來華演講。作為當時蜚聲海外的詩人，泰戈爾的來訪在北京文藝界掀起了巨大的波瀾。尤其是新月社，作為此次泰戈爾訪華的主辦單位，一眾文人墨客如同籌備一次大型同樂會一般賣力，除了在各大刊物上加以宣傳外，他們甚至還即興排練了泰戈爾的詩劇《齊德拉》。

4月23日，墨綠色的車廂如同從遠海歸航的古船停泊在了北京前門火車站的月臺上。一群文化名人盛裝打扮，嚴肅的神情中透出期待和焦急。梁啟超、蔡元培、胡適、梁漱溟、辜鴻銘、林長民等人或西裝革履，或長衫飄逸，個個氣度不凡。萬綠叢中一點紅的林徽因，身著咖啡色連衣裙搭配米黃色外套，素淨淡雅。她手捧一束紅色鬱金香，年輕嬌美的面容被襯托得更加動人。

泰戈爾在訪華期間，出席了各類活動及座談會。這位詩人偏愛徐志摩與林徽因，所到之處都領著二人同行。他們一同前往北京大學、清華大學等著名大學演講，在演講之餘更是遊遍北京。

在泰戈爾初到北京的那一天，按照日程他下車後便馬不停蹄地前往日壇進行演講，一旁的林徽因看泰戈爾年事已高，便主動上前攙扶。恰逢當時的媒體記者把這一幕拍下，將泰戈爾、林徽因以及當時兼任翻譯的徐志摩三人定格在照片中。各大媒體紛紛對這張照片加以評論，其中更有如此記載：「林小姐人豔如花，和老詩人挾臂而行，加上長袍白面、郊寒島瘦的徐志摩，有如松竹梅的一幅三友圖。徐氏翻譯泰戈爾的演說，用了中華語彙中最美的修辭，以硤石官話出之，便是一首首小詩，飛瀑流泉，琮琮可聽。」一時間成為京城文藝界的佳話，大家甚至將他們三人戲稱為「歲寒三友」。

人與人之間的關係便是如此奇妙，趣味相投的人即使是初次見面亦恍如相識多年，而道不同者無論相交多年依然清淡如水。泰戈爾與徐志摩、林徽因三人便是出乎意料地一見如故，詩人間的交往永遠都是浪漫而神聖的，他們為了飛鳥南遷而感嘆，為一花一樹而讚美，共同的情趣讓三人在一面之緣以後便成為無話不說的好友。

後來，泰戈爾與徐志摩成為當時少有的「異國之交」，而

這位蜚聲國際的大詩人不止一次在人們面前對林徽因不吝讚美：「馬尼浦王的女兒，妳的美麗和智慧不是借來的。是愛神早已給妳的餽贈，不只是讓妳擁有一天、一年，而是伴隨妳終生，妳因此而放射出光輝。」

在泰戈爾眼中，徐志摩與林徽因便是世間少見的郎才女貌，因此在訪華期間泰戈爾總是有意無意地撮合二人。心思細膩如徐、林二人豈能不知？但鑒於往日種種，林徽因不得不對此視而不見，而徐志摩雖然看似平靜，實則內心塵封已久的希冀早已升起。

1924 年 5 月 8 日恰是泰戈爾 64 歲的生日，這一天泰戈爾來到了西單石虎胡同新月社本部，胡適及新月社各社員籌備多時的祝壽會在此舉辦。梁啟超主持祝壽會，並親自贈名泰戈爾「竺震旦」。當梁啟超把印有「竺震旦」的印章交給泰戈爾時，頓時掌聲四起，大家都為中印文化友好交流而發自肺腑地欣喜。在祝壽會的最後，由新月社成員演出的泰戈爾的劇作《齊德拉》更是將氣氛推向了高潮。劇中，林徽因飾演公主齊德拉，而徐志摩則飾演愛神瑪達那。也許是兩人曾經的情愫依然存留在心，在舞臺上他們很快投入角色，他們的超水準發揮讓臺下掌聲四起。

尤其是徐志摩，原本對舊情念念不忘的他如今在舞臺上得以與佳人相伴，那日思夜想的倩影如今觸手可及，臺上的

他似乎忘卻了自己在演戲，當眼前的現實與幻想重疊交錯時，徐志摩將心頭壓抑已久的情愫傾注，使得林徽因與臺下觀眾也不禁動情。

然而戲中的愛意盎然又怎敵現實的殘酷，待到戲終落幕時，徐志摩方才恍然醒悟，原來一切不過是一場戲罷了。都說戲如人生，奈何最終不過夢一場，大夢初醒方才發覺那不過是一時荒唐。失望與徬徨占據了徐志摩的心頭，命運彷彿總是喜歡捉弄這位痴情才子，要說往日情愫在一瞬間消散無蹤倒還好，最怕的便是這份一廂情願的情愫欲斷還連，在一次次希望與失望中徘徊，最是令人身心俱裂。

林徽因怎能不懂徐志摩的心思？尤其是在泰戈爾生日當天，那發自肺腑的獨白與如夢如幻的場景讓林徽因亦不禁動容，也許就連林徽因也從來沒有想過自己的出現竟在徐志摩心中留下了如此深刻的烙印。

與梁思成同行赴美的期限在即，面對著徐志摩重新煥發的希冀，林徽因不願在留學前夕再因感情之事節外生枝，但她亦不願生生看著徐志摩被愛情的熊熊烈火焚毀而置之不理，一時之間束手無策。

也許只有時間才能撫平曾經的一切，也許只有時光的流逝才能讓人不經意間淡忘過去，走向另一個跌宕起伏的故事。

第二輯　轉身天涯莫思量

轉身天涯不思量

　　年少時，我們在愛情的世界裡橫衝直撞，哪怕遍體鱗傷亦樂此不疲，但漸漸長大，才發覺相愛容易相守難，最難的是一世安穩攜手共老。細雨迷濛時為另一半撐起一把油傘，日落西山時為另一半洗衣做飯，夜幕降臨時與另一半相互依偎，平凡日子中的絲絲溫情勝過多少痴恨怨怒。若是可以，試問何人不願用一世修行，換取一生最平淡的甜蜜？

　　林徽因亦然。理智讓她在踏實穩重的梁思成與浪漫儒雅的徐志摩之間果斷選擇了前者，她更喜歡與梁思成同行時的真實與甜蜜，哪怕徐志摩為了自己痛不欲生，林徽因亦僅僅出於朋友之誼而溫言撫慰，從不曾越界半分。

　　林徽因深知與徐志摩之間的糾葛非自己不能解，每每想到徐志摩被往昔的情愫摧殘得日漸憔悴，她就感到很是內疚。經過再三思量，她決定在赴美之前找徐志摩談談，以阻止這段錯誤的情愫繼續野蠻生長。

　　兩人相約在美麗的黃昏。夏天的傍晚總是如此靜謐，柳梢上的新月若隱若現，微風輕拂，偶爾傳來一聲蟬鳴。徐志摩看著眼前人，那一抹清淺淡雅融化了他的心。然而，當道

別之詞從林徽因口中說出之時，徐志摩頓覺心如死灰，眼前的浪漫光景此時盡化為一片死寂。我們無從得知這個夜晚他們之間的談話內容，但結果卻是林徽因自此與梁思成攜手天涯，而徐志摩則在這段糾纏不斷的感情中失落而去。

林徽因與徐志摩兩人之間從一相識便注定了這樣的結局，哪怕痴情如徐志摩在這段感情裡付出很多，林徽因堅決的態度也讓他不得不看清事實，即便再心有不甘，也只能以紳士的風度接受這場美夢的落幕。

隨後，林徽因與梁思成開始著手辦理出國留學的手續，待到一切準備妥當之時，離國的日子已近在眼前。二人離開當天，親朋好友均前往車站送行，其中最傷感的莫過於徐志摩了。

透過車窗，林徽因與梁思成二人相依的情景赫然在目，在與眾人揮別的時刻，林徽因依偎在梁思成身旁，臉上洋溢著無比甜蜜的笑容。徐志摩站在人群中，想要上前道別，竟不知如何邁步，一想到此去一別，日後將天各一方，相見不知何年，心中不禁一陣傷感。

火車的汽笛響起，眼前的倩影隨眾人的目光離去，殘留在骨髓裡的錦瑟年華隨著火車的開動而撕裂，耳邊聲聲珍重貫穿了徐志摩的耳膜，衝擊著他心裡最後一道防線。他想追隨火車而去，好讓自己離林徽因近一點。

第二輯　轉身天涯莫思量

看著火車漸漸消失，人們久久不願散去。徐志摩望著火車離去的方向，腦海中一片空白。胡適走到徐志摩身邊，低聲問：「志摩，你怎麼哭了？」此時的徐志摩方才發現，自己早已淚流滿面。林徽因的離開讓徐志摩的生活變得一片孤寂，他取出紙筆將一腔愁緒揮灑在紙上：「我真不知道我要說的是什麼話，我已經好幾次提起筆來想寫，但是每次總是寫不成篇。這兩日我的頭腦只是昏沉沉的，開著眼閉著眼都只見大前晚模糊的悽清的月色，照著我們不願意的車輛，遲遲地向荒野裡退縮。離別，怎麼的能叫人相信？我想著了就要發瘋。這麼多的絲，誰能割得斷？我的眼前又黑了！」

落筆幾行，徐志摩心中突然情緒洶湧，他自知這封書信即便完成了也無法寄出，想起過去的種種，不禁悵然。

林徽因始終明白自己與徐志摩的那一段感情已經成為過去，她不願意為人生中的這一頁駐足，也希望徐志摩能夠逐漸放下，開始新的生活。

那一年，林徽因 20 歲，梁思成 23 歲，二人踏上前行的道路，結伴赴美留學。在如花般絢爛的歲月裡，這兩名年輕人走出國門，拉開了彼此相守一生為國奉獻的序幕。

第三輯　百般相伴煙火處

這終是林徽因想要的，擁有浮世裡最安靜的煙火，感悟生命裡最難言的幸福。

第三輯　百般相伴煙火處

那一段刀山劍樹的日子

　　七月的美國處處充斥著夏天的味道，藍天白雲，晴空萬里，空氣讓人格外神清氣爽。由於當時正處於暑假期間，林徽因與梁思成決定先到康乃爾大學稍作進修，在補習的同時調整心態，以最好的狀態迎接新的學習。

　　與二人同行的還有梁思成在清華大學結識的好友陳植，三人初到美國便在當地找到了一家公寓入住。白天，三人背著畫板四處寫生，沐浴在異國他鄉的暖陽中；日落西山時，三人喜歡坐在陽臺上聊天、閱讀，直到天邊融金消散，只剩下漫天繁星。本來康乃爾大學的生活是如此美妙且自由，不巧的是當二人即將結束進修時，大洋彼岸傳來了噩耗：梁思成的母親突然病重，恐不久於人世。消息傳來後，梁思成念母心切，欲回國盡孝，但梁啟超顧及兒子的學業以及距離的遙遠，只讓思順、思永等人儘早回家盡孝，命思成安心學業，不必趕回。

　　沉浸在悲痛中的不僅是梁思成，林徽因亦不免傷感，但更讓林徽因傷心的是，梁思成的母親李氏在得知自己不久於人世後竟依然對她與思成的婚事表示不滿。其實，李氏對於

她的存在一直都心存芥蒂，自當年梁思成受傷時林徽因夜以繼日地照顧他起，李氏便對林徽因頗有微詞。

這也難怪，在當時，老一輩依然大多用封建時代的眼光去看待年輕人的行為，李氏便是其中的一員。當時林徽因與梁思成尚未正式訂婚，作為大家閨秀的林徽因，對臥病在床衣衫不整的梁思成非但不迴避，反而不顧男女有別為他擦拭身體，在李氏看來如此「洋派」的作風無疑是水性楊花。

後來，李氏更是對林徽因與徐志摩曾經的關係表示不滿，直到如今身患乳腺癌晚期的她依然對這個準兒媳耿耿於懷，甚至把拆散二人當作自己的遺願對長女梁思順訴說。

生來優雅純潔的林徽因豈能忍受自己即將嫁入的家庭對自己的無理指責？也許是出於委屈，她帶著滿腔的難堪找到梁思成傾訴，但此時梁思成卻沉浸在即將失去母親的傷痛中，無暇理會。於是，兩人的生活開始出現爭執，小小的矛盾在彼此的負面情緒中不斷放大，繼而冷戰，但每次都過了一陣子又和好如初，就這樣，深愛著對方的二人在爭吵與和好中日漸消瘦。

若是換作尋常男女，在如此巨大的阻力之下互道珍重恐亦無妨，奈何二人卻是梁思成與林徽因，豈容外來之物玷汙彼此的感情？不得不承認，林徽因純潔的愛情觀的確讓當代女子望塵莫及。在林徽因的眼中，除非愛意消散，否則哪怕

第三輯　百般相伴煙火處

是梁思成的母親，也無法將相愛的兩人拆散，更不用說陪她一路走來的梁思成，雖然他對母親即將離世無比悲痛，但他依然深愛著眼前的這位清雅佳人。

也許在日後看來，這段煎熬的日子不過是彼此成長所付出的一點代價，但就當時而言，這種想要各自安好卻又在濃烈的愛意中無法抽身的現狀讓林、梁二人寢食難安。尤其是林徽因，莫名的委屈與無奈使她在異國的生活變得無比艱辛，她想念故土的一切，想念無話不談的朋友與家人。在莫名的負面情緒影響下，林徽因開始寫信給家鄉的好友。在給徐志摩的信中，林徽因寫道：「我的朋友，我不要求你做別的什麼，只求你給我個快信，單說你一切平安，好讓我心安……」

在林徽因眼中，這不過是一封單純的聯誼信件，可徐志摩對此難免心生幻想。據說，當時徐志摩收到信後迅速奔向郵局，發了一封電報給林徽因。回到寓所，抑制不住激動心情的徐志摩準備好紙筆，想要立刻寄一封信給林徽因。然而，信沒寫成，一首詩卻如雲霞般落在紙上：

啊，果然有今天，就不算如願，
她這「我求你」也就夠可憐！
「我求你，」她信上說，「我的朋友，
給我一個快電，單說你平安，

多少也叫我心寬。」叫她心寬!
扯來她忘不了的還是我 —— 我,
雖則她的傲氣從不肯認服;
害得我多苦,這幾年叫痛苦
帶住了我,像磨面似的盡磨!
還不快發電去,傻子,說太顯 ——
或許不便,但也不妨占一點
顏色,叫她明白我不曾改變,
咳何止,這爐火更旺似從前!
我已經靠在發電處的窗前;
震震的手寫來震震的情電,
遞給收電的那位先生,問這
該多少錢?但他看了看電文,
又看我一眼,遲疑地說:「先生,
您沒重打吧?方才半點鐘前,
有一位年輕先生也來發電,
那地址,那人名,全跟這一樣,
還有那電文,我記得對,我想,
也是這……先生,你明白,反正
意思相像,就這簽名不一樣!」——

第三輯　百般相伴煙火處

「嘸！是嗎？噢，可不是，我真是昏！

發了又重發，拿回吧！勞駕，先生。」

1924年9月，梁思成的母親李惠仙離世，關於梁府對林徽因心存芥蒂一事亦告一段落。林徽因在這幾個月的煎熬中大病了一場，身體無比虛弱。為了照顧好林徽因，梁思成每天帶著鮮花與早餐去醫院探訪，兩人談論生活，談論學業，梁思成經常一坐便是一整天。這段日子裡，兩人與初相識的情景一般，在點點滴滴的你來我往中修復了感情，重歸於好。

得知梁思成與林徽因感情修復後，最為欣喜的莫過於梁啟超了。一直看好這對佳偶的梁啟超在寫給梁思順的信中這麼寫道：「我們一生不知要經歷多少天堂地獄，即如思成和徽因，便有幾個月在刀山劍樹上過活！這種地獄比城隍廟十王殿裡畫出來的還可怕……」

想來也是，在漫長的一生中，無論我們邂逅何人，摩擦與碰撞皆無可避免，哪怕如梁思成般謙遜有禮，哪怕如林徽因般淡雅恬靜，在生活中也難免有摩擦，更不用說平凡如你我的尋常百姓。

也許吧，真正的細水長流並不是一生相敬如賓，而是在經歷無數摩擦與碰撞後彼此依然能夠相偎相依，在歲月無聲的流逝中把自己塑造成與你相伴時最合適的模樣，讓曾經特立獨行的靈魂變成有你的模樣，然後相守一生，白頭到老。

簡單愜意的賓大時光

人生中總有那麼一段時光，它沒有太多的跌宕起伏，也不曾有過任何波瀾，可這段日子卻讓人感到珍貴，恍若一段不鹹不淡的歲月，如和煦暖陽般舒適。

恰如林徽因與梁思成在康乃爾大學的日子，雖然只有短短的一個多月，但每日沉浸在學習與嬉戲中的他們享受著夏日的陽光與新鮮的空氣，彷彿成了世間最無拘束的自由人。

時光總是過得飛快，不經意間他們完成了補習課程，一行三人乘車前往費城到賓夕法尼亞大學報導。然而，當他們躊躇滿志地想要報讀建築系時，校方卻告訴他們建築系沒有招收女學生的先例，而目前該科目亦不準備招收女生。學校認為建築系的學生一般不分晝夜地在畫室作圖，作為女生若是夜不歸宿對學校的口碑有所影響。

突如其來的變故讓林徽因措手不及，自與父親遊歷歐洲開始，她便有了長大後學習建築的夢想。在林徽因看來，西方的古典建築在世界各國的建築學領域都是佼佼者，她立志要將他鄉的優秀建築理念帶回國，可在現實面前，她卻有可能與夢想失之交臂。幸運的是，林徽因並沒有因此放棄她的

第三輯　百般相伴煙火處

建築夢，在三人稍作商議後大家一致決定採取「曲線救國」的方法，讓她先行報讀美術系，並在入學後選修建築系的課程。

於是，三人在各自報讀了課程後正式成為賓大的一員。作為美國本土最著名的學府之一，依山傍水的環境讓林徽因感覺自己彷彿置身於江南山水中，她喜歡站在宿舍裡觀望一望無盡的草坪與遠方校道旁的白樺林，偶爾三五異國知己聚集到一起感受藍天白雲的時光讓林徽因更覺愜意。

也許是剛剛入學的緣故，賓大的課程並沒有想像中那麼頻繁，每天上午的課程結束後，下午就是大家自由活動的時間，很多人在空閒的下午都喜歡留在教室裡練習繪圖，而林徽因也很喜歡沉浸在學習中，提升自身學識。

林徽因的製圖程度遠不如班級裡其他同學，因此自開學初她便發奮研讀，從繪圖到理論學習一律做到精益求精。很多時候，當同學們經過自習室時會看到這樣一幅畫面：林徽因身穿淺白中式上衣與深色長裙坐於繪畫桌前，輕盈靈動的身姿與沉默無言的繪畫板相得益彰，窗外的陽光投射在她身上，一身素衣彷彿披著光芒，使這一抹淡雅身影更顯高貴。

恰是由於這種驚人的勤奮，加上林徽因與生俱來的悟性和藝術天賦，在短短幾個月內，林徽因的學習成績大幅上升，就連在清華美術社學習數年的梁思成對她的進步都大為驚訝。當她的作業與其他同學的一同掛在判分室時，她的作

品總能獲得最高的分數，深得繪畫老師的讚賞。

與林徽因截然不同的是，梁思成很快就適應了呆板且平淡的學習生活，迅速成為班裡的傑出人士，並以大一學生的身分選修了高年級的西方建築史課程。他喜歡在課間一頭栽進圖書館，將搜尋來的文獻內容記錄下來，並根據文獻內容在筆記本上繪製成畫面幫助記憶，恰是這種踏實的學習方式為梁思成日後成為一代建築大師奠定了堅實的基礎。

有趣的是在這段校園生活裡，充滿靈氣的林徽因與踏實勤奮的梁思成在學業上竟形成了互補。有時候，賓大建築系的教授會布置一些趣味性十足的作業，如讓學生們重新設計一座紀念碑或舊時城門。富有創造力的林徽因總能很快就完成一堆草圖，但每當她想要深入設計時卻又衍生了新的想法，無奈交作業的期限將至，她只能拿著一堆富有創意的草圖在畫圖板上加班加點，此時梁思成總會及時出現，憑藉著他嫻熟的繪圖技巧將林徽因的草圖迅速化作精美的設計。

就連林徽因自己也承認，她是一個興奮型的人，而梁思成出色的技術與沉穩的個性與自己形成了互補。這段時間兩人逐漸培養出了默契，而這種默契一直陪伴了他們一生。

求學的日子總是如此輕鬆舒適，日復一日的學習並沒有令他們感到枯燥，這段彼此相依的時光反而讓他們更加期待未來。就在此時，遠在大洋彼岸的梁啟超寄來的家書更是解

開了困擾林徽因許久的心結。書信上工整地寫道:「我昨天做了一件極其不願意做的事,去替徐志摩證婚。……我在禮堂演說了一篇訓詞,大大教訓一番,新人及滿堂賓客無一不失色,此恐是中外古今所未聞之婚禮矣……」

讀罷家書,林、梁二人面面相覷,雖然不知事情始末,但可以肯定的是在他們赴美留學的這段時間裡,兩人共同的好友徐志摩覓得佳偶,並喜結連理。按林徽因對徐志摩的了解,這位百年難遇的才子天生多情,並且展現出了對愛情獨特的執著,因此一直以來寧缺毋濫的他必定是找到了畢生所愛,方才願娶之入門。

後來,林徽因與梁思成從好友胡適的口中得知整件事情的始末:林徽因赴美留學後,徐志摩亦隨後離開北京。1924年徐志摩與王庚的妻子陸小曼相愛,經過兩年多的苦苦追求,陸小曼終於愛上了這位風雅才子,並不惜以與丈夫離婚的代價與其相戀,兩人最終於1926年結為連理。得知徐志摩再度成婚,林徽因心頭多年來的包袱終於卸下,與梁思成之間的感情也越來越親密。

此時林徽因感到前所未有的舒暢與愉悅,她心無雜念地享受美好的校園生活。人生便是如此,有時我們苦苦追求卻求而不得,當我們放下它、成全它,反而會獲得心靈寧靜。這世間最珍貴的美好或許就是擁有三五知己、忠心愛人,僅此而已。

痛失至親的悲傷，只有你懂

人生百年，來去匆匆，左思右想最美的時光莫過於那桃李年華。年少初長成時，既脫離了父母的管轄，又不曾沉淪於生活瑣碎事間，前有朝陽似錦，後有父母壯健，恰是：海闊憑魚躍，天高任鳥飛。

然而，生而為人的我們又如何能夠來往於世一身輕呢？本該無憂成長的林徽因此時遭受到人生中最大的打擊：父親林長民在隨軍出行時於巨流河一帶遭到敵軍伏擊，身中流彈而亡，這位才情洋溢的儒雅居士於天命之年驟然仙逝。

消息傳出後，梁啟超生怕大洋彼岸的林徽因會從此一蹶不振，於是立刻寄家書給梁思成，讓兩個孩子有心理準備。信中梁啟超雖然對林長民遇難之事仍心存僥倖，但他依然不得不囑咐思成，若前線消息一旦成真，務必記住兩點：一是必須保持鎮靜，萬不可因悲傷而壞了身體，如今二人遠在他鄉，若林長民身死徽因必定傷心欲絕，因此思成作為徽因唯一的伴侶，其自身必須保持鎮靜方可伴徽因走出悲痛。二是一旦消息成真，思成切不可隱瞞徽因。並且梁啟超在信中表明，無論事態如何發展，徽因依然是他的掌中寶，日後將

把她當作女兒看待,讓徽因無須過分擔心父親的後事與學費問題。

接到家書後,梁思成把書信遞給林徽因,得知噩耗的林徽因心急如焚,她連忙寄發多封急信給梁公,欲知事情進展。往後的日子,林徽因一直沉浸在焦慮與不安當中,她渴望收到大洋彼岸的來信,卻又對此無比害怕。

幾天後,梁啟超的急信寄來,梁思成從林徽因顫抖的手中接過家信,信中字字如芒刺,刺痛了他的心,一旁的林徽因更是掩面而泣:「初二晨,得續電覆絕望,晚彼中脫難之人,到京面述情形,希望全絕。遭難情形,我也不必詳報,只報告兩句話:(一)係中流彈而死,死時當無大痛苦。(二)遺骸已被焚毀,無法運回了⋯⋯徽因的娘,除自己悲痛外,最掛念的是徽因要急煞。我問她有什麼話要我轉告徽因沒有,她說:『沒有,只有盼望徽因安命,自己保養身體,此事不必回國。』」

在當時,林長民作為蜚聲京城的政界人物,深得大眾認同,甚至他的名聲在當時更勝過林徽因,因此他的離世在北京政界與文藝界中引起了軒然大波。其中林長民的忘年交徐志摩更是為此發文,字裡行間盡顯這位才子的不捨之情:「平時相見,我傾倒你的語妙,往往含笑靜聽,不叫我的笨澀羼雜你的瑩澈,但此後,可恨這生死間無情的阻隔,我再沒有

那樣的清福了！只當你是在我跟前，只當是消磨長夜的閒談，我此時對你說些瑣碎，想來你不至厭煩吧。」

對於林長民的離世，作為當代白話文推廣者的胡適亦頗為惋惜。在近數十年來，胡適在推行新文化運動的過程中深感中國無比缺乏傳記性文學，因此勸說林長民為自己立傳。當時，林長民看在胡適的面上一口答應，並要以「五十自述」作為自己的生日禮物。然而林公在 50 歲生日那天卻告知胡適：「適之，今年實在太忙了，自述寫不成了；明年生日我一定補寫出來。」然而意外總比計畫先來臨，面對林公離世，胡適不禁感嘆：「想來，林孟宗先生那富於浪漫意味的一生就成了一部人世永不能讀的遺書了！」

而大洋彼岸的林徽因更是為此肝腸寸斷，好幾次林徽因執意回國，但都被梁啟超一封封的電報與梁思成的勸說阻攔。梁公在家信中如此寫道：「人之生也，與憂患俱來；知其無可奈何，而安之若命。你們都知道我是感情最強烈的人，但經過若干時候之後，總能拿出理性來鎮住它。所以我不致受感情牽動，糟蹋我的身子，妨害我的事業。這一點，你們雖然不容易學到，但不可不努力學習。」

雖然梁啟超語重心長的勸阻讓林徽因留在了學校，但父親的離世，讓她仍然無法接受現實的殘酷，寢食難安的她把自己關在房間裡，回憶的碎片重重擊打著她。

第三輯 百般相伴煙火處

望著窗外的藍天,林徽因的腦海中便浮現出與父親同遊歐洲的情景;翻開書櫃中的名著,字裡行間總能讀出父親的影子;就連房間裡的一絲氣味,彷彿都殘留著父親未散的餘溫⋯⋯

這些天,同樣無助迷茫的梁思成一直守在林徽因的房門前,門後偶爾傳來的陣陣抽泣讓他心痛難當。古往今來,生死之事從來不由人定,生而為人只得在命運的痛擊中苟延殘喘。在昏沉的氣氛中,梁思成痛恨自己無法為林徽因分擔一絲苦痛,只能一直陪伴在她身旁,在她不願進食的時候餵她,在她無法安眠的時候與她做伴。

往事的歷歷在目讓林徽因不再活潑多言,想起父親的音容笑貌,她不禁再次陷入悲傷之中,若不是母親與年幼的弟妹的面容時常浮現在腦海中,恐怕她還要在悲痛中掙扎很久。

面對命運不懷好意的捉弄,要麼從此一蹶不振,要麼頂著悲痛與壓力昂首面對。一段時間過後,肝腸寸斷的林徽因從悲痛中站了起來,從她走出房門的那一刹那,她清楚自己再也不是林家的大小姐,她的肩上背負著整個家庭,此刻的她是母親唯一的希望,是弟妹們安康成長的支柱。

在接下來的很長一段時間裡,林徽因的眼中一直流露著一股揮之不去的憂鬱與哀傷,但此時的她卻以一種無比奮進

的方式嘗試著擺脫傷痛,她全身心地投入學習中,以忘我的姿態麻醉自己,以家中的老母親與年幼的弟妹激勵著自己,她相信此時父親早已在遙遠的彼岸安詳生活著,而她必須帶著父親的期盼與對家庭的責任繼續走下去。

林徽因是不幸的,在本應無憂的年紀遭受了如此沉痛的打擊;可她又是如此幸運,有梁思成不離不棄的陪伴。林長民的仙逝讓林徽因與梁思成對生命與愛有了新的體會,生命如此脆弱,時光如此短暫,對生命最好的回饋就是更加珍惜彼此。他們執手患難,歷經波折,從此,山高水遠,他們將一起走過。

第三輯　百般相伴煙火處

堅定理想，遊子學成歸國

　　茫茫人生路，有陰雨連綿時，有晴空萬里日，這一個個不同的階段讓我們的人生變得色彩斑斕，雖不曾波瀾壯闊，但也不至於虛度一生。

　　1927 年 3 月，春日的陽光灑在賓大校園的每一個角落，這是梁思成與林徽因最後一個學年，三年的刻苦鑽研使他倆距離夢想又近了一步，兩人也在這三年經歷的無數波折中更加親密。一個週末，胡適遠渡重洋來到賓大演講，演講結束後找到徽因二人。三年不見的老朋友相聚，他們在賓大校園裡促膝長談，林徽因說起這三年來在美國的生活經歷，如今留學之旅已接近尾聲，幾個月後即可離開賓大回到日思夜想的家鄉。

　　說起這話時，林徽因臉上雖然洋溢著激動之情，內心卻對這個充滿回憶的校園感到些許不捨。初入學的時候，覺得這裡的一景一物都是那麼新奇，不知不覺中，自己的學生生涯便已經走到了盡頭，曾經覺得無比漫長的求學之路如今即將走到終點，心中更添了一絲惆悵。

　　六月的風總是帶著一股無法言喻的悶熱，畢業典禮結束

堅定理想，遊子學成歸國

後，梁思成與林徽因正式離開了校園。兩人都以出色的成績贏得了學校的讚許，他們畢業後可以選擇繼續深造或是接受當地建築事務所的邀請。

當時，西方的建築產業正值發展階段，大家都以任職於建築事務所為榮。面對建築事務所丟擲的橄欖枝，一直以來夢想著報效國家的二人猶豫良久。對於梁思成而言，建築事務所的薪酬不菲，但他的發展方向卻是中國建築史研究，而林徽因更是夢想著把西方建築文明帶回國。

恰在二人迷茫徬徨之際，遠在大洋彼岸的梁啟超寄來了一封家書，信中寫道：「我生平最服曾文正的兩句話：『莫問收穫，但問耕耘。』將來成就如何，現在管他作甚，一面不可驕傲自滿，一面又不可怯弱自餒，盡自己能力去做，做到哪裡是哪裡，如此而於社會亦總有多少貢獻。」梁啟超在信中鼓勵他們堅定自己的信念，這為兩人未來所奮鬥的方向指明道路。

在父親的鼓舞下，梁思成更加堅定了自己從事東方建築美學的發展方向，他接受了賓大的邀請，並在同年進入了哈佛大學的研究生院系，攻讀東方藝術博士學位；而林徽因則選擇前往耶魯大學戲劇學院進修，就讀舞臺美術設計。

在賓大的三年裡，曾經對美術一無所知的林徽因透過自己的努力打下了堅實的美術基礎，其作品水準遠遠高於其他

第三輯　百般相伴煙火處

同學，因此深得老師們喜愛。而梁思成在哈佛大學的研究中也發現了其為之奮鬥的方向。在三年的研究生涯中，梁思成盡可能地閱讀西方關於中國建築產業的文獻，最終發現其對中國建築的認知大多浮於表面，忽視了中華五千年建築文化的深厚底蘊，因此他決心將東方建築美學發揚光大。所以，梁思成申請回國進行實地考察，並於兩年後提交博士論文。

在時光的打磨下，曾經破土萌芽的兩株小苗如今已成為佇立天地間的獨柳，兩人在完成了學業後選擇一同歸國，為期四年的留學生涯使林、梁二人從稚嫩的少男少女變成了年輕有為的青年才俊。回望在賓大就讀的幾年，過去的點點滴滴依舊歷歷在目，曾經日夜暢想的未來如今觸手可及，曾經日思夜想的親人如今正在大洋彼岸等待著自己的歸航，雖然此時心中對前途尚有一絲不安，但歸鄉的興奮與相伴的喜悅卻又使他們忘卻了焦慮。

得知林徽因與梁思成即將回國的消息後，遠在北京的林、梁兩家開始忙碌起來。早在留學前夕梁啟超勸喻二人以學業為重，因此婚嫁一事稍稍延後，如今二人學成歸來，梁思成與林徽因的訂婚儀式以及婚禮也被提上了日程。

六年的相知相戀，如今終於迎來了結果。也許梁思成當年並沒有想過，匆匆一瞥的梳著兩條小辮子的小女孩有一天會成為自己的妻子，而林徽因在當時自然也不曾想到這位謙

厚有禮的少年會成為自己的夫君。

　　從梁啟超的家信中得知，目前訂婚儀式已經準備妥當，雖然彼此早已相伴多年，但每每想到回國後二人即將成為合法夫妻，林、梁二人心中均有說不出的喜悅。

第三輯　百般相伴煙火處

第四輯　莫不如塵埃落定

　　世事流轉，長路漫漫，總有一個人的出現，會令你甘願捨棄自由，不再流浪。

從此我冠上你的姓

年輕時，我們總希望有一份刻骨銘心的愛情；長大後，我們更願意過平淡甜蜜的日子，願意以一紙婚書將彼此的人生融為一體。

梁思成與林徽因完成了學業，兩人的婚禮正式提上了日程。身在北京的梁啟超為了婚禮之事日夜忙碌著，一來梁思成作為梁家長子，其終身大事自然備受關注，二來林徽因父親又在此前不幸身亡，因此梁啟超對二人的婚事一手包辦，事無大小，親力親為。

不得不承認，梁啟超對於子女們未來的發展規劃可謂勞心勞力，在林、梁兩人完成學業期間，梁公不僅親自設計婚禮細節，同時亦為他們策劃一場歐洲蜜月之旅，使二人既可度蜜月，亦可對歐洲的建築加以考察。

鑒於目前林、梁二人身處國外，若不遠千里回國舉辦婚禮必定花費數月光陰，於是梁啟超擬定二人在國外完婚，並安排他倆離校後先前往加拿大，在大女兒梁思順的操辦下完婚。完婚以後二人隨即同赴歐洲旅行，結束蜜月後方才回國發展。

落實了兩人的婚禮後，梁公對中國的訂婚行禮等習俗亦絲毫不含糊，梁家以紅綠玉珮為聘禮，並待禮成後將聘禮寄往坎培拉，供二人行禮之時佩帶。為確保聘禮周全，梁啟超更是親自與當地郵局及海關交涉，以避免聘禮因處置不當而遺失。

　　想來，恰是這種既傳統又具有時代氣息的教育方式讓梁啟超在教育子女方面頗有成就，梁家九個子女在梁啟超的培養下均成為國家棟梁，一門三院士的傑出成就更是成了當代教育界的一段佳話，其中自然少不了梁公在家教方面所傾注的心血。

　　望子成龍的夙願使梁啟超在潛心政學的同時亦不忘家教，每一個孩子的成長都使他深感欣慰。正如梁公在訂婚儀式禮成後提筆寫給梁思成的家信中所說：「思成，這幾天為你們聘禮，我精神上非常愉快，你想從抱在懷裡的『小不點點』，是經過千災百難的，一個孩子盤到成人，品性學問都還算有出息，眼看著就要締結美滿的婚姻，而且不久就要返國，回到我的懷裡，如何不高興呢？」從梁公字裡行間不難看出，梁思成與林徽因的婚姻讓他感到無比欣慰。

　　1928年3月，梁思成與林徽因在加拿大渥太華完婚，結束了長達八年的愛情長跑。相傳，在婚禮期間發生了一則趣事：

第四輯　莫不如塵埃落定

關於婚禮服飾方面，林徽因不願身穿千篇一律的西式婚紗，奈何當時身處加拿大的他們無法尋得中式婚禮服，梁思成的姐夫周希賢甚至動用自己中國駐加拿大大使館總領事的身分亦尋找無果，於是林徽因便自己動手設計了一套中式旗袍作禮服。

如今，我們所能看到的林、梁婚禮照中林徽因所穿的服飾便是她一手設計的，其精緻的頭飾與古典優雅的服裝使林徽因更顯清淺淡雅，據說這套具有民族元素的服飾在當時的服裝界引起了一股小小的潮流，還贏得當地不少設計師的好評。

婚前，梁思成看著如花似玉的妻子，不由自主地將心中所想道出了口：「有一句話，我只問這麼一次，以後都不會再問，為什麼是我？」

林徽因看著眼前稍顯憨厚的梁思成，抿嘴一笑：「答案很長，我得用一生去回答你，準備好聽我了嗎？」

這是多麼深情且具有韻味的回答。這個眾人眼中謎一般的女子在往後的日子裡正如她所說的那樣，以一生追隨向丈夫訴說了心中綿綿不盡的情意。

林徽因與梁思成的婚後生活是平淡的，雖無驚濤駭浪，但相守相望的生活亦讓彼此的人生增色不少。我想，恰是因為有了如此平靜的生活，兩人才有足夠的時間刻苦鑽研，為

當代文學、建築產業做出無法磨滅的貢獻。畢竟，風花雪月不過是一剎那的絢爛煙火，而報國精神卻是源源不斷的長河。與同時代的陸小曼等名媛相比，林徽因的名氣遠遠高於她們，雖然她不曾有過半生風花雪月，但她的文字卻勝過紙醉金迷。

也許，這便是林徽因被我們記住的原因。

新婚旅行的甜蜜

　　世事流轉，長路漫漫，總有一個人的出現，會令你甘願捨棄自由，不再流浪。不管行至何處，有他在，便是至高無上的樂園。有一個人攜手並肩，便不再懼怕任何苦難，這便是最牢固的愛情，彼此懂得，彼此欣賞。仿如那歌詞裡唱的：讀你千遍也不厭倦，讀你的感覺像三月。不濃不淡，不瘟不火，恆久而綿長。

　　歐洲對於林徽因而言並不陌生，早在 1920 年代初期她就已跟隨父親遊歷歐洲多國，此刻的她重遊歐洲不僅沒有感到枯燥，反而在原有的認知上更深地了解了最優秀的建築群體；而梁思成初次前來，更是被這裡獨特的建築風格所震驚，在他眼中這一片不曾踏足的土地便如寶藏一般，所到之處總讓他驚嘆不已。

　　在盧森堡公園，他們悠閒地穿過一家又一家的露天酒吧；看到品著葡萄酒談天說地的遊人，他們的嘴角不由自主地微微上揚；看到幾個年輕人為了某些事情激烈地辯論，他們陷入了沉思；看到一身汙泥的工人，他們心生同情；聽到酒吧裡傳來的搖滾樂，他們微微扭動著身軀……

新婚旅行的甜蜜

在凱旋門前，遊客們紛紛為了歷史而感慨，而梁思成則被這座古建築所吸引，他手持相機，將凱旋門的多個角度都記錄在底片上，而林徽因看梁思成沉醉於此不好打擾，便自行掏出畫夾進行寫生。

不知不覺，午後的酷熱漸漸消退，整個巴黎都沉浸在落日的餘暉中，林徽因與梁思成回到旅館後整理早上拍下的旅遊照，此時她才察覺在梁思成的作品中，自己儼然成了建築物的比例尺。原來，為了拍攝建築物全貌，梁思成不得不拉遠了鏡頭，以至於林徽因在凱旋門、聖母院等建築物全貌中僅占據了一角，為此林徽因不禁微嗔，梁思成自知理虧，只得連連認錯。

在往後的幾個月中，二人的足跡踏遍了歐洲各國。二人邊走邊訪，記錄下了聖彼得教堂、羅馬古城、西斯汀教堂等多地名勝建築風格，二人牽著手走過的大街小巷都成為日後他們科學研究的重要基礎。

雖然，隨意無憂的生活讓二人在歐洲之旅中甚是甜蜜，但梁思成卻一直掛念著遠在中國的父親。早在完婚之時，梁思成便從他人口中得知梁啟超患病，若不是新婚燕爾不願林徽因掃興，梁思成在完婚後便想著回國探望老父。

遊歷了歐洲多國後，兩位年輕人開始想起家來。途經西班牙時，二人從中國駐西班牙公使館處收到梁啟超寄來的家

第四輯　莫不如塵埃落定

書，說自己身體已然無礙，讓二人不必憂心。此外梁公又告知思成，家中已接到東北大學的聘書，待暑假結束後思成便可前往任職教員。正當梁思成對前途無比嚮往之時，梁啟超話鋒一轉，談起了對二人的思念之情：「你來信總是太少了，老人愛憐兒女，在養病中以得你們的信為最大樂事，你在旅行中尤盼將所歷者隨時告我（明信片也好），以當臥遊，又極盼新得的女兒常有信給我。」

讀罷家書，梁思成心裡五味雜陳，他為自己樂不思蜀而感到羞愧，又對老父患病一事感到擔心。雖然梁公在信中道明自己身體已無大礙，但梁思成又如何不知父親的性格，從不願子女為他擔心的梁公在寄給兒女的書信中從來都是「報喜不報憂」，信中所言自然不可作準。

其實梁啟超自1926年切除了右腎後身體每況愈下，尿血的病情時重時輕，始終得不到根治。面對重疾，梁啟超雖然持有非常樂觀的態度，與往常一般制定對應的學習讀書計畫，但道起兒女時眼中卻多了一絲不捨之情。

一旁的林徽因看丈夫陷入沉思，自然知道他心中所想，加上當時已然七月，再過一個月他便需前往東北大學任教，於是便提議回國。

二人的新婚蜜月之旅歷時三個月，這段歐洲之旅成了他們畢生難忘的記憶。他們相挽走過歐洲街頭，瞻仰過人類最

優秀的文化建築，那點點滴滴的記憶猶如陽光般灑落在人生的道路上，最終化作日後的言傳身教，縈繞在高朋滿座的客廳中。

窗外的森林與湖泊顯得遙不可及，二人此時亦無心觀賞窗外美景，歸心似箭的年輕男女在踏上中國國土後忙不迭從大連乘船直往天津，最終坐上開往北平的火車。

回到熟悉的家中，昏黃的街燈與花草錯落有致的剪影使兩人不經意笑起來，在這裡，有他們最美好的過往，也有他們最嚮往的未來。然而，此刻等待著他們的除了親人的問候與迎接外，還有梁啟超那一副被重疾拖累的身軀……

第四輯　莫不如塵埃落定

父親病逝，傷痛中合力設計墓碑

　　人生在世，何其幸運，雖一生走來不乏冷雨悽風，但好在每一個階段我們總有良人相伴，共渡難關。雖可能只有寥寥數語，但亦聊勝於無，相比世間萬物，生而為人，實屬福分也。

　　自林、梁二人返國後，中國動盪的局面以及百姓的貧困讓二人產生了極大的精神落差，報國的決心愈加強烈。

　　林徽因和梁思成比較喜歡待在庭院中，兩人把在歐洲拍攝的照片沖洗出來後，林徽因經常講述照片上的名勝與故事給家人聽，很快她便融入了梁家的生活，而梁思成最小的弟弟梁思禮更是喜歡林徽因，每日起床後第一件事便是讓二嫂講故事。勤奮且善談的林徽因來到梁家後，不僅收穫了好人緣，其不俗的談吐以及廣博的見識更是為梁家帶來了無窮的趣味。尤其是對梁啟超而言，林徽因的到來讓他的生活豐富不少。此前臥病在床的他由於別無他事常感寂寞，於是林徽因一有空閒便往梁啟超屋裡跑，講述歐洲之旅中的所見所聞。當林徽因講至歐洲之旅中，梁思成將自己當成建築物比例尺拍攝的事時，二人均樂不可支，沉悶多日的屋裡傳出了

父親病逝，傷痛中合力設計墓碑

陣陣笑聲。看著眼前的林徽因，一身素衣難掩其與生俱來的風華，嫁作人婦的她此時卻又散發著陣陣煙火氣息，就連一生閱盡人情世故的梁啟超亦不禁為兒子的未來感到欣慰。

也許是因為林徽因的到來，梁啟超的身體逐漸好轉。在給國外的女兒思順的信中，梁啟超寫道：「新人到家以來，全家真是喜氣洋溢。初到那天看見思成那種風塵唯俘之色，面龐黑瘦，頭筋漲起，我很有幾分不高興。這幾天將養轉來，很是雄姿英發的樣子，令我越看越愛。看來他們夫婦體質都不算弱，幾年來的心慮，現在算放心了。新娘子非常大方，又非常親熱，不解作從前舊家庭虛偽的神容，又沒有新時髦的討厭習氣，和我們家的孩子像同一個模型鑄出來。」

歡樂的時光總是短暫的，不知不覺一個月過去了，也到了梁思成前往東北大學入職的日子。雖然梁思成與林徽因對梁公的病情有所擔憂，但在梁啟超的好言相勸下，二人只得懷著不捨前往東北大學任教。

當時，東北大學成立不久，出任校長的張學良大膽起用了一批年輕人，並且擴展了學校的學科，融入部分西方文化元素。而在梁、林二人前往東北大學任職初期，由於中國建築學科尚未普及，一時之間亦難以招得教師，因此他們倆便是整個學科僅有的兩名教師。

作為這門新學科的帶頭人，他們代表著這一門新產業的

第四輯　莫不如塵埃落定

崛起，因此二人雖忙得不可開交，但依然樂在其中。當時政局動盪，民不聊生，然而二人兩耳不聞窗外事，一直沉浸在學術研究與育人不倦中。終於皇天不負有心人，在二人的努力下，東北大學建築系逐漸開始有了名氣，吸引了大量學生就讀。

正在二人的教育工作稍有成效之時，梁啟超的一封家書讓二人的心情跌至谷底。展開書信，信紙上潦草的字型讓二人的心一下子提了起來，信中內容更是字字驚心：「這回上協和醫院一個大當。他只管醫治，不顧及身體的全部，每天兩杯瀉油，足足灌了十天，把胃口弄倒了。也是我自己不好，因胃口不開，想吃些異味炒飯、臘味飯，亂吃了幾頓，弄得腸胃一塌糊塗，以至發燒連日不止。人是瘦到不像樣子，精神也很委頓……」

家書讀罷，梁思成自然知道平日從不抱怨叫苦的父親定是被重病纏身無法忍受方才寫下如此言語，若不是當時正值期末考試前夕，恐怕二人會立即回去探望。梁思成建議，待處理好手頭的工作後，自己先回家，由林徽因暫時接管班級大小事務。然而讓二人意想不到的是，沒過幾天，梁公病重的電報忽至，二人也顧不上手頭的工作，立即趕往北平。

由於思順、思永、思莊等多名子女身處國外，梁思成與林徽因二人回去後立即將他們悉數召回。此時梁啟超早已

父親病逝，傷痛中合力設計墓碑

口不能言，但看到思成與徽因時依然能夠微微一笑，以示欣慰。

1929年1月，梁啟超病情加重並陷入昏迷，最終於1月19日下午2點15分與世長辭，終年57歲。梁公病逝的噩耗傳開後，全國名流均深表痛惜，其追悼會更是在全國各地持續了月餘，作為家中長子的梁思成一手操辦了梁公的喪事，當時已懷有身孕的林徽因亦在旁相助。

關於梁啟超的離世在當時名流界議論紛紛，直到40年後的某一天，梁思成才偶然間從醫生處得知事情的真相：由於1920年代西醫發展尚未十分完善，當時的院長劉瑞恆以X光結果為參照切除了梁啟超健康的腎，將壞死的腎留在體內。此次醫療事故使梁啟超壯年離世，實在令人惋惜。協和醫院一直以來都將此事嚴格保密，直到1949年的一次醫學講座上，講師在探討如何從X光片中辨別左右腎時，梁啟超的病例方才被公之於世。

梁公離世，他的子女們更是悲痛交加。尤其是林徽因，在回到東北大學後，沉重的心情以及嚴重的妊娠反應使她幾乎無法進食，曾經清秀淡雅的女子變得瘦削虛弱。斯人已逝，哪怕身為子女如何不捨，亦是難改天命。在梁公離世後，梁思成與林徽因著手設計墓碑，樸素莊重的設計與梁公生前沉穩的性格相得益彰。也許二人從來沒有想過，在學有

所成後設計的第一件作品竟是父親的墓碑,想來這也是命運跟他們開的玩笑。

　　無論如何,梁啟超在梁思成與林徽因生命的前半部分一直充當著父親與導師的角色,恰是他的遠見卓識讓二人在年少輕狂的日子裡少走了無數彎路,同時也為日後的事業發展奠定了穩固的基礎。

香山月好，以詩會友

很多人經歷了一些變故後會主動將生活變得純粹簡單一些，他們不再嚮往高朋滿座，不再喜歡交際應酬，他們渴望回歸平靜，享受生命。

1929 年 8 月，伴隨著一聲嬰兒的啼哭，梁思成與林徽因的長女降生。兩人決定把孩子取名為「再冰」，以紀念被稱為「飲冰室主人」的梁啟超。新生命的降臨為梁家帶來了無數的歡樂，然而照顧孩子的勞累卻讓林徽因的身體逐漸變差。

也許是因為懷孕期間經歷了巨大的悲痛，尚在襁褓中的梁再冰極容易受驚，加上林徽因由於身體虛弱而奶水不足，需要長期餵食牛奶，原已身體虛弱的林徽因在生活的重壓下累垮了身體，不得不在梁思成的陪同下前往協和醫院就醫。經診斷，林徽因是肺炎復發。原來早在幼年時期林徽因就曾感染肺炎，以致多年來體質虛弱，如今女兒的出生更讓操勞過度的她舊疾復發。醫生認為東北的天氣不適宜養病，建議林徽因到環境清新處靜養數月，再做打算。

另一半患病，一旁的梁思成心急如焚，一時間手足無措，幸而當時他得知林徽因的母親欲前往北平居住，他這才

第四輯　莫不如塵埃落定

想到將妻女二人送往北平與岳母同住，算是多一個照應。

將林徽因送上前往北平的火車後，梁思成回到東北大學任職。本來他就對張學良軍閥作風的管理方式感到不滿，加上這段時間念家心切，因此回到東北大學後不久，梁思成便辭去職務，回到北平與妻子一同生活。

梁思成三年來的嘔心瀝血讓劉致平、趙正之等多名日後的建築業人才在東北大學的學習中奠定了堅實的基礎。回到北平後，他寫了一封信給建築系的學生，信中文字洋溢著自己對學生的期盼與掛念：「……你們的業是什麼？你們的業就是建築師的業。建築師的業是什麼？直接地說就是建築物之創造，為社會解決衣食住三者中住的問題；間接地說，是文化的記錄者，是歷史的反照鏡，所以你們的問題是十分繁難，你們的責任是十分重大的……林先生與我倆人，在此一同為你們道喜，遙祝你們努力，為建築界開一個新紀元。」

書信寄出後，梁思成經推薦任職於一家營造學社，並在北總布胡同租了一個四合院，將妻子女兒和岳母接到這個靜謐的庭院中居住。

1931 年 3 月，為了給林徽因提供更加清幽的環境養病，梁思成將三人送往香山雙清別墅居住。這裡山清水秀，詩意盎然的春光伴隨著蟲鳴而灑落，芳草青青，微風陣陣，舒適宜人。

香山月好，以詩會友

　　自新婚旅行後，林徽因一直沉浸在繁忙的工作中，如今她難得放下生活的煩瑣，回歸自然的靜謐與美好。而梁思成在工作不忙的時候便上山去陪伴林徽因，看著庭院中妻子逗弄著女兒，一股濃烈的幸福感便油然而生。

　　這一年，林徽因那被喧囂塵封的詩意在田園中得到了煥發，在她的筆下生命萬物都有了靈魂，一切事物都充滿繽紛的色彩。林徽因獨愛在靜謐的夜晚伏案書寫，每每月明星稀時，林徽因喜歡身穿一襲白睡袍靜坐臥室中，焚一炷香引得青煙裊裊，繞過鮮花的芬芳融入詩意當中。對此，梁思成常取笑林徽因小題大做。

　　在山上靜養的日子裡，梁思成怕平日習慣了熱鬧的林徽因感到冷清，便常約三五好友前來做客，比如冰心、沈從文等城中好友都樂於與梁思成夫妻二人促膝長談，經常聊至夕陽西下而不覺。

　　不經意間，北平文藝圈內稍有名氣的文人都以能受邀前往香山為榮，而徐志摩亦有意無意地前往香山，與林徽因相會相談。在雅緻的環境中，兩人談論詩詞歌賦，評析古今奇談。在徐志摩眼中，這一切與十年前倫敦的那一夜是如此相似，可時光荏苒，如今彼此已各有另一半相伴。

　　偶爾，梁思成由於工作原因外出考察，因此徐志摩每每獨身前往與林徽因共處一室時總難免招來微辭詞。為了避

第四輯　莫不如塵埃落定

嫌，徐志摩找到了好友金岳霖同行。金岳霖當時在北平是一名頗有名氣的學者，不僅是清華大學邏輯學教授，還兼任清華大學哲學系系主任，因此總是給人一種博學多識之感。

然而，無論金岳霖學識如何豐富，當他第一眼看到林徽因時，就被其優雅風趣的談吐吸引。也許，徐志摩也不會想到自己的無意之舉居然改變了金岳霖的一生，也為林、梁二人的夫妻關係帶來了極其嚴峻的考驗。不過人生不就是如此充滿未知嗎？我們不知道哪一次不經意的相見會讓自己畢生難忘，也不知道哪一次互道珍重後便再也不見。恰如那一天徐志摩離開香山後，林徽因怎麼也想不到那竟是她與徐志摩二人生命中僅剩的最後幾次見面……

志摩失蹤，相思不知處

　　我們總是對人生抱有希望，總在想，努力之後總會有意想不到的收穫，道別之後總會有下一次的重逢。可人生不是童話，事事都圓滿，兩個人或許在這次轉身後，便再也無緣相見。

　　經過短短半年的休養，林徽因的身體逐漸恢復健康，下山那天，沈從文、徐志摩、胡適等身邊好友紛紛前往陪同。下山後，大家在北平圖書館聚餐慶賀，隨後還一起觀賞了京劇。眾人散去後，徐志摩回到了胡適的家中。這段時間，他一直住在這裡，胡適一家對他極好，平日還能與三五好友共聚，可他心中總是掛念著遠在上海的嬌妻──陸小曼。

　　徐、陸二人的婚後生活並不像林徽因夫婦般平淡。陸小曼依舊如往常一般喜愛熱鬧與交際，常常因為沉浸於玩樂而徒添花銷，恰好徐志摩的父親徐申如在二人新婚當日便斷絕了他所有的經濟來源，因此徐志摩只得任職於南京中央大學與北京女子師範大學以維持家裡的開銷，他還需定時回到上海家中陪伴新婚妻子。

　　即便如此兩地奔波，徐志摩所賺的薪水依然不能滿足陸

第四輯　莫不如塵埃落定

小曼的需求,因此徐志摩在北平著手向好友們收集畫冊、宣紙以及文獻,希望陸小曼能沉浸在藝術的氛圍中,改掉隨意揮霍的惡習。

盛夏的北平總是如此讓人沉悶,黃昏時分雖然不如午後般酷熱,卻高溫依舊。北總布胡同的梁家四合院中,林徽因正與母親收拾著行裝,準備次日與家人一同到香山避暑。恰在此時,徐志摩登門到訪,林徽因夫婦忙放下手中的活,招呼客人進屋,徐志摩看見梁思成桌上的建築圖紙,突然心生好奇,便聊了起來。

看著他們夫婦倆既可為夢想奮鬥,又能相伴而行,徐志摩不禁有一絲羨慕。一旁的林徽因看二人聊得如此投契,不願打擾,準備往房間走去。見林徽因離去,徐志摩忙不迭地站起,說明了來意,此行主要是邀請二人前往參加幾日後在清華大學舉辦的一個茶會,屆時英國的柏雷博士將與大家共同探討現代詩文化。

1931 年 11 月 10 日,林徽因與梁思成早早完成了手頭的工作後便趕往清華大學參加茶會。茶會上徐志摩與柏雷博士你來我往地探討著詩歌的藝術,而梁思成與林徽因則在一旁會心聆聽,心中為徐志摩執著的學術精神而暗自稱讚。

茶會結束,送走了柏雷博士後,徐志摩與林、梁夫婦亦準備離去,其間徐志摩告知二人他即將回上海一趟,隨後三

志摩失蹤，相思不知處

人互道珍重便各自回家。到家後，林徽因與梁思成接到了老朋友的電話後又再次出門。也許他們不知道，便是這小小的插曲，讓他們錯過了回頭折返的徐志摩。

回到家時，徐志摩早已離去，只留下一張字條。林徽因開啟後，只見上面寫著一行文字：「定明早六時飛行，此去存亡不卜……」見字如此，林徽因心裡不免有些擔憂，不過是往返上海，何須言論生死。出於擔心，林徽因撥通了徐志摩家中的電話，與他閒聊幾句後方才安下心來，兩人更是相約於 11 月 19 日在協和禮堂的講座中相見。

11 月 19 日中午，林徽因收到徐志摩在登機前發出的電報：「下午三點抵達南苑機場，請派車接。」當天下午天氣陰沉，機場中只有寥寥幾人，梁思成從兩點一直等到夕陽西下，依然沒有等到徐志摩的班機降落。情急之下，梁思成找到機場工作人員詢問，他們也不明情況，無奈之下，只能返回家中。而在協和禮堂演講的林徽因同樣著急，她在演講中將目光掃遍了觀眾席，那個熟悉的身影卻一直沒有出現。演講結束後，林徽因急匆匆與工作人員道別後便趕往歸家，但此時徐志摩的平日好友都無法得知他的去向。

當天晚上，林徽因躺在床上看著窗外繁星，心中一片凌亂。

第四輯　莫不如塵埃落定

　　突然間她想起了徐志摩寫的一篇散文〈想飛〉：「天上那一點子黑的意境迫近在我的頭頂，形成了一架鳥形的機器，忽的機沿一側，一球光直往下注，砰的一聲作響⋯⋯」想到這裡，林徽因不禁冷汗直冒，她看著昏暗的夜空，巴不得天立刻亮起來，好讓她盡快尋得徐志摩的消息。

　　好不容易待到第一聲雞鳴響起，林徽因與梁思成迫不及待地奔往胡適家中，等待著徐志摩的消息。一路上，走過熟悉的街頭，看著兩旁早已見慣的風景，林徽因多麼盼望待會能夠看到徐志摩如同往常一般出現在眾人面前，與好友們分享此行的樂趣。

　　可是，命運終究沒有善待這個如水一般的女子，當林徽因夫婦到達胡適家中時，一個震驚所有人的消息讓林徽因看清了現實的殘酷，那在她心中掠過無數次的擔憂還是成了事實⋯⋯

飛機失事,物是人非

　　林徽因與徐志摩,經歷過轟轟烈烈的熱戀,也經歷了多年清澈如水的平淡友誼,本以為能以這種方式相伴一生,殊不知生命無常,一場意料之外的災難使二人天人永別。

　　林徽因夫婦是從胡適家中得知的消息。當他倆急匆匆進門的時候,胡適正在背對著二人閱讀當天的報刊。聽得身後響動,胡適轉過身來,眼淚在眼眶中不住打轉,兩人看胡適如此模樣,心中就明白了不少。

　　雖然萬般不願相信,但當林徽因從胡適手中接過報刊時,偌大的標題更加大了她的悲傷:在11月20日當天《北京晨報》的頭條位置釋出了一則「濟南專電」,內容大概是京平北上機肇禍,於11月19日在濟南墜落,機身全焚,乘客司機均燒死,該次班機航行時由於天雨霧大,誤觸開山……

　　一時間,房間內沉默無言,時間彷彿在沉重的悲傷中靜止了一般。不知道過了多久,一聲沉重的嘆息打破了沉默,平日活潑好動的林徽因此時方才回過神來,一個念頭從她空白的腦海中迸現:雖然在11月19日有一班班機墜毀,但機上乘客為何人卻仍尚未明確,萬一徐志摩僥倖誤機或是墜毀

第四輯　莫不如塵埃落定

的並不是他所搭乘的班機,那豈不是代表著如今徐志摩依然安然無事?

聽了林徽因的假設,胡適匆匆趕往北平的航空公司,請他們拍電報給南京航空公司,同時也致電給山東省教育廳長何思源,請他幫忙了解相關情況。胡適匆匆出門後,梁思成與林徽因二人在客廳內著急地踱步,曾經無話不談的好友如今究竟身在何處,那個儒雅的多才書生是生是死,如今全然不知。

在二人等待期間,徐志摩在北平的好友相繼聚首胡適家中,其中不乏當代有名的文人與政客,甚至連金岳霖、張奚若、孫大雨等學者亦於百忙中抽空前來,希望能夠第一時間得知好友的最新消息。

不多久,胡適從航空公司歸來,當他踏入門檻的那一刻起,屋內十餘人的目光紛紛聚焦在他的身上,此時房間內的空氣中瀰漫著讓人窒息的沉靜,大家都等待著胡適開口。此時的胡適更是不知如何是好,大家的期盼讓他深感壓力。最終,在大家焦急的詢問下,他道出了事情的真相:「南京那邊已經證實,出事的正是志摩搭乘的濟南號。」

話音剛落,客廳中立即傳來了抽泣聲,大病初癒的林徽因更是在悲痛中暈厥,一時間,悲傷的情緒在人群中蔓延。誰也不曾把死亡與風趣善談的徐志摩連在一起,當時的他方

才 34 歲，那儒雅而淡然的話語如今言猶在耳，那清秀而俊朗的面孔依然歷歷在目，這位當代名震一時的詩人如今驟然隕落，留下無數經典詩句，在時間的流逝中一直對抗著命運。

直至後世，對於這位為愛癡狂的詩人，眾人對他的評價褒貶不一，但他的作品卻收穫了一致好評。也許，從他出生起，他的人生便注定為了自由、為了愛而奔波。想來，他的一生如同他筆下的夢境一般唯美而純潔，就連那惹人傷感的離別在他的筆下也依然淡雅，哀而不傷：

輕輕的我走了，

正如我輕輕的來；

我輕輕的招手，

作別西天的雲彩。

……

悄悄的我走了，

正如我悄悄的來；

我揮一揮衣袖，

不帶走一片雲彩。

徐志摩的離世在北平乃至全國各界均引起了軒然大波，各大媒體爭先刊發悼念徐志摩的悼文，而林徽因所書寫的〈悼志摩〉更是在當時最具分量。林徽因將對徐志摩的了解化

第四輯　莫不如塵埃落定

作文字，從而使徐志摩對藝術的追求、對理想的堅守以及生活中的點點滴滴都透過一紙悼文流傳下來。文中字字催淚，字裡行間都散發著林徽因對摯友的不捨與惋惜，如今讀來仍可感受到當時林徽因的肝腸寸斷：

　　十一月十九日我們的好朋友，許多人都愛戴的新詩人，徐志摩突兀的，不可信的，殘酷的，在飛機上遇險而死去。這消息在二十日的早上像一根針灸觸到許多朋友的心上，頓使那一早的天墨一般地昏黑，哀慟的咽哽鎖住每一個人的嗓子。……他是那樣活潑的一個人，那樣剛剛站在壯年的巔峰上的一個人。朋友們常常驚訝他的活動，他那像小孩般的精神和認真，誰又會想到他死？

　　無論生前徐志摩贏得多少名望，此時離世的他想必已經安眠於地下，長生於後人心間。生前事如今已盡化入土，身後事卻尚未完成。11月22日上午，林徽因、梁思成、胡適等一行人趕到了濟南，並且尋得擺放徐志摩屍體的福緣庵，一眾好友希望送他最後一程……

「康橋日記」之爭

　　一場災難，令人唏噓，但對逝者而言，又何嘗不是一種解脫？只是有些人生來就有掀起風浪的本事，逝去之後亦能讓世人為他消耗光陰。而那光陰，終究要在世人的回憶裡，豐潤鮮活。

　　為了讓徐志摩的遺體告別儀式能夠更加體面，梁思成和林徽因連夜將碧綠的塑膠樹葉與潔白的假花做成花圈。整個喪禮都是在哀號聲中完成的，當福緣庵內的兩名工人開啟棺蓋時，棺木中靜躺著的遺體讓所有人失聲痛哭，誰都無法將那名風度翩翩的才子與眼前冰冷的屍體連繫在一起。如不是眼前的種種與耳邊不絕的悲號，林徽因定不相信徐志摩已經不在人世。

　　返回北平前，林徽因請梁思成帶回了一片失事飛機的殘骸，並且懸掛於她北平的房間中。往後餘生，每每看到這片不知何時已經鏽跡斑斑的鐵塊，林徽因總會想起這位年輕時同遊康橋、共論人生的夥伴，直至她去世之前，這片殘骸一直懸掛於房間，彷彿這名昔日的才子並未真正遠去。

　　此刻林徽因坐在院子中無比煩心，原來她與徐志摩多年

第四輯　莫不如塵埃落定

來的通訊早在徐志摩出事之前交由凌叔華保管，如今她欲取回昔日書信，卻遭到了凌叔華的拒絕。

此事還得從徐志摩與陸小曼成婚之時說起。陸小曼為了與徐志摩成婚，不惜與當時的丈夫離異，二人的結合讓這場婚禮成為當時文藝圈乃至北京城的眾矢之的，徐志摩再次成為眾人聲討的對象。

為了躲避輿論，徐志摩決定婚後遠走歐洲一段時間。臨行前他把婚前與林徽因、陸小曼等人的書信均放置在八寶箱中，並交給凌叔華保管。說來徐志摩此舉並非沒有他的道理，畢竟八寶箱中既有與林徽因在劍橋時代的濃情書信，也有與陸小曼之間的甜言蜜語，因此無論是將箱子交由林徽因還是陸小曼保管均不妥，於是他找到了凌叔華，半開玩笑地告訴她如果自己出了什麼意外，還請她幫自己寫個傳記。

凌叔華在當時同樣是負有盛名的才女，其文筆與林徽因不相伯仲。自1920年代於《現代評論》上發表處女作〈酒後〉之後，她的名氣便在文藝圈中擴散開來，並且走進了北平的文藝圈，與徐志摩結為好友。讓人意想不到的是，在徐志摩意外身亡後，凌叔華竟記住了當年開的玩笑，以致後來林徽因找到凌叔華索要書信時，兩人由於各執己見還發生了小小的爭執。

迫於無奈，林徽因向胡適求助。胡適當時在文藝圈中一

「康橋日記」之爭

直擔當著眾人老大哥的身分，得知此事後，他親自寫信給凌叔華，讓她安心將書信歸還，以便日後徐志摩的文集得以成功出版。凌叔華自知無權霸占徐志摩生前無比看重的物品，因此將八寶箱交由胡適處置。

在徐志摩離世九天後，胡適將凌叔華奉還的書信交給林徽因，並讓她稍作整理，以便日後梳理成冊出版。在林徽因的整理下，八寶箱內的書信大致分成了日記本、報刊剪報以及照片等。在整理的過程中，林徽因發現八寶箱內雖然存放著徐志摩生前所書寫的大部分作品與書信，但與自己在倫敦相識那段時期的「康橋日記」卻不知所蹤，後來經張奚若之口方才得知仍在凌叔華手中，並準備出版成冊。

對此，林徽因很是不滿，為了能順利將「康橋日記」取回，她不得不親自邀約凌叔華上門，並委婉地向其索要「康橋日記」。然而凌叔華卻多番推搪，並在林徽因登門拜訪之時悄然離去，只留下隻言片語：

昨日遍找志摩日記不得，後撿自己當年日記，乃知志摩交我乃三本：兩小，一大。小者即在君處箱內，閱完放入的。大的一本（滿寫的）未閱完，想來在字畫箱內（因友人物多，加意保全）。因三四年中四方奔走，家中書物皆堆疊成山，甚少機緣重為整理，日間得閒當細檢一下，必可找出來閱。此兩日內，人事煩擾，大約須此星期底才有空翻尋也。

第四輯　莫不如塵埃落定

　　面對凌叔華的推脫，別無他法的林徽因只得再次求助胡適。幸好，在胡適的多次追問下，凌叔華終將「康橋日記」交給了林徽因，但是，拿回的日記依舊是不完整的。林徽因將這半本和自己手上的一對比，發現仍有被截去的四頁。至於殘缺的四頁是否最終被林徽因要回，我們已不得而知。至此，由八寶箱鬧出的風波已大抵告一段落。

　　對於如此急切地想要得到「康橋日記」的原因，林徽因自己的解釋是「好奇」、「紀念老朋友」，至於是否真有「銷毀」過往的動機，恐怕世人就無法知曉了。至於為何未將「康橋日記」公開發表，林徽因在之後寫給胡適的一封信中說，是因為「年輕得厲害」、「文學上價值並不太多」，況且，當事人大多健在，這些日記在當時出版是不合時宜的，也不急著用這些材料寫傳記。

　　日後，徐志摩八寶箱中的遺稿，由陸小曼整理後以「愛眉小札」和「眉軒瑣語」為題發表。而林徽因手中遺存的日記，早已灰飛煙滅，一如那消散在康河霧靄中的英倫之戀，在十里洋場樂聲中的你儂我儂裡，不見蹤影。

　　歷史也許並不如煙，即使無法改變，也早已說不清道不明瞭。

第五輯　戰火硝煙鸞鳳鳴

面對滿目瘡痍的生活,她與生俱來的那股子倔強與堅韌,終究還是派上了用場。

第五輯　戰火硝煙驚鳳鳴

日寇鐵蹄之下，顛沛流離地奔逃

民國時期，軍閥常年混戰，民不聊生，又有外敵覬覦，戰火蔓延，連曾經讓國人無比驕傲的千年文化亦差點毀於一旦。

1937年，林徽因與梁思成在好友顧祝同的邀請下一同前往西安，修葺當地名勝古蹟小雁塔。在此過程中，二人常到周邊地區考察古建築。作為六朝古都的西安對於林徽因夫婦而言自然是時代留下的瑰寶，二人本想在西安停留一段時間，便於蒐集更多有價值的資料。

然而，計畫總是趕不上變化，沒等二人在西安站穩腳，盧溝橋事變爆發了，整個國家頓時陷入了恐慌。遠在西安的他們能清晰地感受到北平的戰火，當時的報紙頭條每天都刊登著大字愛國標語：「保衛盧溝橋！」、「驅逐日本帝國主義！」、「發動華北民眾援助軍隊抗日！」……

愛國人士的救國熱情空前高漲，市民們紛紛自發在周遭建立街壘，將裝上沙土的麻袋築在各主要街區，大學生更是自發組織各類「勞軍團」，為軍隊運送物資。所有的人都熱血沸騰，神經緊繃，等待著槍炮響起的那一刻。

而林徽因與梁思成擔憂北平家中的情況，不得不提前結束西安之旅，回到家後，看到家人無礙，二人提起的心方才放下了一些。然而，當時北平的情況比他們預想的還要嚴重些，除了人們對戰爭的恐懼不斷蔓延之外，就連北平的物價也隨著戰爭而不斷上漲，一時間整個北平恍如人間煉獄一般，哀號不斷。

7月28日，日軍進入北平，炮聲與槍聲響了一夜，林徽因與梁思成也一夜未睡。聽著窗外的槍炮聲，林徽因的心提到了喉嚨，一方面她害怕戰爭會傷害到家人，另一方面她又心懷期盼，希望天亮後戰爭結束，國家依舊太平。

天剛亮，梁思成與林徽因就來到院子裡，只見天上有三五架飛機飛過，尾翼上插著日本國旗。就在當日，北平淪陷，全城戒嚴，林徽因與梁思成緊閉門窗，焦急地等待著最新的消息。在此期間，北平一些政府部門開始逐步撤離，梁思成與林徽因任職的學社亦無法繼續開展研究工作。國難當前，學社決定暫時解散，老社長報國心切，不願離開北平，只得將歷年來的研究成果交由梁思成保管。

8月5日，平津鐵路開始通車，梁思成與林徽因擔心留在北平會被戰火所傷，連日來清點家財與研究資料，並將不便攜帶的資料存於銀行保險庫，以防落入日本人之手。然而，作為中國的建築業專家，他們的行蹤早早便被日本人盯

第五輯　戰火硝煙鸞鳳鳴

上了。某日清晨，梁思成收到一封來自「東亞共榮協會」的請柬，邀請他與夫人林徽因同往，參加一個日本人召開的座談會。

梁思成深知此次若是前去，不光多年來為國鑽研的學術資料不保，甚至連家人性命也難保，夫妻倆稍作商量後便決定離開北平，向南方遷移。離開之前，梁思成生怕林徽因的身體無法適應長期舟車勞頓的生活，夫妻二人便一同前往協和醫院接受檢查。

檢查結果並不理想，林徽因的肺部有空洞，萬一舟車勞頓感染風寒，後果不堪設想，醫生警告林徽因必須注重身體情況，不建議遠行。梁思成無比擔心，林徽因卻不以為然，直言生死有命，若是一家因為自己的病情留在北平，處境反而更危險。於是，一家子連夜外逃，大多家財都留在北平。到達天津後，兩人回望北平，心生悲涼，那裡不僅有他們童年無憂的記憶，還有彼此相知相愛的點點滴滴，因為各種原因無法逃離的親戚朋友正在戰火的摧殘中苟且求生，兩位父親均埋葬於那片土地上，如今，所有的一切都在戰火中搖搖欲墜。

這一年的八月，林徽因一家從北平來到天津後不久，又從天津乘船輾轉煙臺、濰坊、青島等地。在此期間，由於林徽因身體有恙，一家五口的漫長流亡路顯得無比艱辛。

這段日子以來，林徽因經常鬱鬱寡歡，故鄉正被戰火摧殘，而興國夢在戰爭面前變得一文不值。在戰爭中，她看到了生命的卑微，炮火連天中，每個人為了生存做著最後的掙扎。面對無情的現實，林徽因感到格外無助，心中埋藏著悲憤卻無處宣洩，唯有梁思成寬厚的肩膀能讓她覺得安心妥貼。

第五輯　戰火硝煙鷥鳳鳴

戰火紛飛間相濡以沫

　　一路上，林徽因一家四處躲避，但戰火蔓延得似乎比他們的腳步更快，從八月開始，他們輾轉於天津、煙臺、濰坊、青島、濟南、徐州、鄭州、武漢等地，大多時候尚未安定下來日軍的飛機便開始轟炸，在此期間，林徽因一家險些喪生。

　　當時，全國大部分地區已被日軍占領，為了保全家人，梁思成決定南下，並主動連繫昔日好友接應，一家人於九月抵達長沙。

　　在從清華、北大逃亡出來的多名師生的幫助下，林徽因一家暫時落腳於在長沙組成的臨時大學中。此時二人的老朋友金岳霖、張奚若等人也已經先後到達，並在此草草安家。

　　初到異地，林徽因由於長期舟車勞頓身體變得十分虛弱，行動緩慢，面無血色。梁思成找了一間空置的教室安置好家人後，便隨著朋友外出尋找住處。不幸的是，當時城裡早已沒有出租的房子，好不容易才在一戶人家樓上租到三間臨近火車站的小屋，雖然每每火車進出站時總有一種搖搖欲墜的感覺，但別無他法的梁思成只能將家人接到此處安頓。

方才落腳，林徽因的母親便由於年事已高、不堪奔波勞苦而病倒，幸虧林徽因經過一陣休養後身體逐漸恢復，這才勉強操持著家務，照顧母親和孩子。梁思成則繼續到臨時大學任教，這微薄的薪水成為家庭唯一的經濟來源。

每到晚上，大家總喜歡如往常般在梁家聚頭，他們談論國際形勢，偶爾興起把地圖攤開在桌子上，大家分別發表言論，頗有指點江山的氣勢，可又有何用？國難當前，一眾愛國之士心中總有些苦澀。

在這段炮火連天的歲月中，每一個人都在盼望著前方有好消息傳來，他們或者患得患失，或者抱怨連連，而梁思成對此亦毫無辦法，只能稍稍安慰眾人。每當大家開始思念家鄉、痛斥入侵者、情緒不穩的時候，梁思成便將眾人召集到家中，以抱團的姿態對抗現實的壓力。

十月的長沙總是陰雨綿綿，由於一家子居住在密不透氣的小屋裡，家中大多家具都散發著黴臭的味道，這樣的環境不僅不利於再冰、從誡的成長，對林徽因來說也是極大的煎熬，好幾次林徽因鬧肚子都讓梁思成無比擔憂。幸而此時梁思成的弟弟梁思永一家亦來到長沙落腳，他所任職的史語所要遷往昆明，梁思永讓哥哥一家同往。但由於經費缺乏，再加上再冰與從誡兩個孩子先後患上了感冒，梁思成一時不知如何是好。

第五輯　戰火硝煙鶯鳳鳴

就在梁思成與林徽因商議是否遷移時，空中一陣巨大的轟鳴聲讓他們頓時回過神來，震耳欲聾的爆炸聲告訴他們這是敵機，敵軍把下一個侵略目標定在了長沙，如今正在進行轟炸。聽到轟鳴聲後，二人來不及思考，連忙一人抱著一個孩子招呼母親一同往樓下奔去。一路上炸彈在他們身旁爆炸，好幾次林徽因都被爆炸時的熱浪掀倒在地，街上濃煙滾滾，看不清方向。林徽因抱著孩子朝臨時大學奔去，然而頭頂上的飛機開始了新一輪的俯衝，眼看飛機離自己只有一小段距離，明知無法逃脫的一家人乾脆抱在一起，等待著死亡的降臨。所幸飛機並沒有往他們這裡轟炸，而是把炸彈投向他們原來的住所，從北平帶來的家當在這一輪轟炸中皆化為灰燼。

當天晚上，他們只能在張奚若的家中借住一宿。待到天亮之時，梁思成帶著一家人踏上了前往昆明的道路。途經晃縣時，林徽因終究沒有扛住，患上了感冒，高燒不退，手腳冰涼。梁思成想要把她帶到醫院治療，然而如今待在這座前不著村後不著店的小縣裡，別說醫院，連基本的抗生素也無法尋得，岳母看著林徽因通紅的臉頰，急得一個勁地念叨：「菩薩保佑……菩薩保佑……」

幸運的是，梁思成挨家挨戶詢問住處時遇到了一幫善良的學生，他們得知林徽因的困境後將房子騰了出來，讓她在

屋裡休養。由於當地的醫生都逃亡他鄉，梁思成只能到藥房抓一點中藥治療林徽因，這場持續了兩週的高燒方才消退。退燒後的林徽因依舊神志模糊，身體虛弱。

待到林徽因一家再次出發的時候，已經過去了 20 天。他們日復一日地行進，沿途受盡了磨難，終於在離開湖南 39 天後來到了昆明。

到達昆明後，這裡的藍天白雲和靜謐優美的環境讓他們暫時忘卻了數日前的磨難。林徽因一家落腳在一戶人家裡，安置好家人後，梁思成不堪重負也病倒了。

直覺告訴林徽因，此次梁思成恐怕患上了重疾，其背部肌肉經常痙攣，很多時候他痛得根本無法入睡。後來經醫生診斷，是扁桃體的膿毒所引發，於是，梁思成被割掉了扁桃體，臥床休息了近半年時間。在此期間，為了支付醫療費用與家庭開支，林徽因在雲南大學找了一份為大學生補習英語的兼職，每個月 40 塊錢的酬勞成為當時他們一家唯一的經濟來源，生活極其窘迫。

幸好，亂世之中，身邊還有一人願意生死相隨。也許，這就是殘酷現實中獨特的美好，讓相濡以沫的陪伴在硝煙中開出最燦爛的花。

第五輯　戰火硝煙驚鳳鳴

定居昆明，與老友相聚暢談

　　若不是這場無情的戰爭，林徽因的人生可以算是相對完滿，然而，歷史從來都沒有假設。抗日戰爭打響後，林徽因與家人一路逃亡，作為家庭的主心骨，梁思成與林徽因相繼病倒，若不是沿途多有好心人相助，恐怕難以到達昆明。

　　定居昆明後，梁思成臥病在床，生活的壓力使林徽因透不過氣來。幸好不久後，多年的老友張奚若、趙元任、金岳霖、聞一多等人也相繼來到昆明，他們大多經過了沿途的風霜，早已身無分文、狼狽不堪，但當大家重新聚首時，林徽因依舊從薪資裡拿出幾天的伙食費宴請各位好友，好讓大家在這個兵荒馬亂的年代中彼此間尋得一絲慰藉。

　　老實說，林徽因之前在北平時就喜歡邀請諸位好友共聚一堂，喜愛熱鬧的她總是被大家的笑聲所吸引，如今國難當頭，林徽因依舊希望能在荒涼的生活中尋得一絲溫暖。這段時期，她儼然成為眾人的精神支柱，金岳霖曾經在書信中寫到，只要有徽因的日子便有笑聲。她已經成為好友圈裡的重要角色，雖然在幾名大老爺們談論國家時事時她經常插不上嘴，但每次聚會她都是不可缺少的角色。

林徽因在給費慰梅的信中也對當時的情景有所描述：「思成笑著、駝著背（現在他的背比以前更駝了），老金正要開啟我們的小食櫥找點吃的……可憐的老金每天早晨在城裡有課，常常要在早上五點半從這個村子出發，而沒來得及上課空襲又開始了，然後就得跟著一群人奔向另一個方向的另一座城門、另一座小山，直到下午五點半，再繞許多路走回這個村子，一整天沒吃、沒喝、沒工作、沒休息，什麼都沒有！」

在艱苦的生活中，林徽因等人漸漸尋得了樂趣，也逐漸懂得了苦中作樂，然而生活的苦澀卻絲毫也沒少。為了讓孩子能有更好的成長環境，林徽因與梁思成經過商量後準備著手在昆明蓋一所屬於自己的房子。可是隨著物價的飛速上漲，建房子所花的費用不經意間已經超出了預算的幾倍，夫妻二人除了花光積蓄以外，更是欠下了大量的外債。想來命運便是如此諷刺，梁思成夫婦在中國建築史上赫赫有名，而他們一生中為自己設計的唯一一所房子竟是在如此情形中建成。他們所建造的房子比其他房屋更舒適、寬敞，但他們欠下的外債更讓夫妻二人不得不努力賺錢。貧窮與疾病讓他們的生活陷入了困境，為了生計，梁思成與莫宗江等人去四川考察半年，林徽因不得不獨自挑起生活的大梁。從千金小姐到戰亂貧民，林徽因在生活上吃了不少苦頭。關於林徽因的

第五輯　戰火硝煙鸞鳳鳴

那段經歷，金岳霖在給費正清的信中曾有所透露：「她仍舊很忙，只是在這種鬧哄哄的日子裡更忙了。實際上她真是沒有什麼時間可以浪費，以致她有浪費掉生命的危險。」

忙碌的生活讓林徽因變得身心疲憊，平日的她不僅忙於工作，還要兼顧家務以及照料孩子。由於居住的地方沒有冷凍設備，林徽因每天都必須外出購買食物，甚至在夜雨時更需要爬上屋頂修葺。

關於這段經歷，林徽因曾經說過這樣的話：「我是女人，理所當然變成一個純淨的『糟糠』典型，一起床就灑掃、擦地、烹調、洗衣、鋪床，每日如在走馬燈中過去。然後就跟見了鬼似的，在困難的三餐中間根本沒有時間感知任何事物，最後我渾身疼痛著呻吟著上床，我奇怪自己幹麼還活著。這就是一切。」

生活便是這樣無奈，對於曾經衣食無憂的林徽因而言，她是經歷了多少掙扎與堅持才能夠在這樣艱苦的日子裡存活。後來，林徽因回想起這段日子依然深有感觸，並將這段難忘的時光記錄在筆下：

街上沒有光，沒有燈，
店廊上一角掛著有一盞；
他和她把他們一家的運命

定居昆明，與老友相聚暢談

含糊的，全數交給這黯淡。
街上沒有光，沒有燈，
店窗上，斜角，照著有半盞。
合家大小樸實的腦袋，
並排兒，熟睡在土炕上。
外邊有雪夜；有泥濘；
沙鍋裡有不夠明日的米糧；
小屋，靜守住這微光，
缺乏著生活上需要的各樣。
缺的是把乾柴；是杯水；麥麵……
為這吃的喝的，本說不到信仰，──
生活已然，固定的，單靠氣力，
在肩臂上邊，來支持那生的膽量。
明天，又明天，又明天……
一切都限定了，誰還說希望，──
即使是做夢，在夢裡，閃著，
仍舊是這一粒孤勇的光亮？
街角裡有盞燈，有點光，
掛在店廊，照在窗檻；
他和她，把他們一家的運命
明白的，全數交給這悽慘。

第五輯　戰火硝煙鸞鳳鳴

　　不難看出，相比起以往林徽因的詩詞，這首〈微光〉與往常的唯美浪漫有所不同，它的字裡行間都散發著令人唏噓的煙火氣，而在艱辛的氛圍中又散發著對希望的嚮往。

　　私以為，這就是林徽因的倔強與好勝，從繁華中墜落的她卻憑藉著一路堅持，在平凡且艱苦的生活中掙扎著。也許，在她心中依然嚮往著美好的明天；也許，一家人共聚的美好足以讓她甘願忍受生活的苦澀。

　　但無論如何，生活依然在繼續，迎面而來的困難亦如期而至……

於亂世中守住清明

茫茫人生如浩瀚江海，每個人都不過是浮沉在煙波中的一葉扁舟，或驚濤駭浪，或風平浪靜。也許，途中會遇見一所驛站，或是一座夢中的小鎮，但誰都不應沉迷美景而停步不前。

當林徽因聽到教授們說起教育部已經同意將所有暫設在昆明的研究機構遷往四川時，她心裡立刻亂成一團。本想著與家人在此偏安一隅躲避戰禍，然而組織的決定讓她再次陷入困境：雖然一家人已經節衣縮食爭取早日還掉蓋房子所借的錢，但要是隨機構遷移，非但蓋好的房子失去了意義，她還必須想辦法在遷移之前還清債務。

於是，本就很節儉的生活更加清貧，每日無止境的工作讓林徽因在這枯燥的生活中失去了幻想，吃盡了苦頭。幸運的是，危難之際多位好友伸出援手，遠在大洋彼岸的費慰梅更是借金岳霖之手將 100 美元饋贈與她。在大家的傾力相助下，林徽因終於還清了債務，心裡甚是感動，忍不住趴在枕頭上哭出聲來。是啊，一段時間以來壓抑的生活讓她的神經時刻緊繃，面對生活的瑣屑與無奈，她咬牙前行從不言棄，

第五輯　戰火硝煙鸞鳳鳴

　　面對現實的壓力，她不卑不亢勇敢面對，唯獨在面對好友的溫柔以待時，她那積藏心中的憂鬱方才一湧而出，淚水洗滌了她塵封的心靈，也沖刷掉了長期以來的麻木與疲倦。

　　在生活逐漸好轉的時候，去四川考察的梁思成也如期歸來。這次為期半年的野外考察使梁思成的古建築研究工作大有進展，林徽因設宴，大家相聚在一起，聽梁思成講述在四川考察時的趣事。當時，梁思成的學生林洙亦在旁參與討論，並將當時的情景記錄了下來：

　　記得在梁家的茶會上，林徽因有一天和客人們談起天府之國的文化。林徽因說梁思成在調查古建築的旅途上，沿途收集四川的民間諺語，已記錄了厚厚的一本。梁思成說，在旅途中很少聽到抬滑竿的轎夫們用普通的語言對話，他們幾乎都是出口成章。兩人抬滑竿，後面的人看不見路，所以前後兩人要很好地配合。

　　比如，要是路上有一堆牛糞或馬糞，前面的人就會說「天上鳶子飛」，後面的人立刻回答「地上牛屎堆」，於是小心地避開牛糞。西南山區的道路很多是用石板鋪築的，時間久了，石板活動了，不小心會踩滑摔跤，或把石縫中的泥漿濺到身上，這時前面的人就會高唱「活搖活」，後面的人立刻應聲答道「踩中莫踩角（ㄐㄧㄠˇ）」。諸如此類的對話不勝列舉。有時高興了前後你一句我一句地唱起山歌，詞彙豐富語言優美。

梁思成說:「別看轎夫們生活貧苦,但卻不乏幽默感,他們絕不放過任何開心的機會。要是遇上一個女孩他們就會開各種玩笑,女孩若有點麻子,前面的就說『左(右)邊有枝花』,後面的立刻接上『有點麻子才巴家』。」林徽因接下來說:「要是碰上個厲害女孩,馬上就會回嘴說『就是你的媽』。」大家都笑了。林徽因又說:「四川的諺語和民謠真是美呀!只要略加整理就能成為很好的詩歌與民謠,可以把它編一本《滑竿曲》。」可惜生命之神沒有給林徽因時間去完成這個有意義的工作。我也始終沒有見到這個筆記本。

1940年末,「中央教學委員會」對遷移一事下達了命令,要求營造學社隨史語所一同搬遷至四川省南溪縣李莊。值得一提的是,李莊雖取名為莊,但實際上它沒有一絲莊園的優雅,自重慶到李莊需多日水路方能到達,是名副其實的窮鄉僻壤。

史語所為了這次遷移準備了一輛大卡車,本來林徽因一家均可乘坐卡車前往,但出發前梁思成發起了高燒,寸步難行,無奈之下,林徽因只得讓梁思成留下養病,自己帶著兩名孩子與母親隨卡車離開昆明。此次遷移讓林徽因異常沮喪,與眾多好友歡聚的日子隨著這次遷移又要變成奢望。在遠離所有大城市的李莊中,他們只能與史語所結伴生活,而身為西南大學教授的金岳霖、張奚若等好友則留在昆明發展,這意味著他們在往後的歲月裡將與好友分離,獨自在這

個小山村裡奮鬥、生存。

雖說李莊是一個貧困山村，但其自然風光在兵荒馬亂的年代中顯得異常珍貴。與梁思成會合後，林徽因把家選在當地的一座農舍中，院子裡幾間簡單的平房一部分用於辦公，另一部分則成了他們的新家。

也許是過於操勞的緣故，林徽因在定居李莊後不久再一次病倒了，因為李莊所有的醫療、生活用品等都必須透過水路到外界索取，所以大家都束手無策。當時，梁思成恰好在重慶為營造學社營運籌備資金，得知此事後急匆匆買了藥準備送往家裡。然而，落後的交通設施硬是讓心急如焚的梁思成在水上多漂了幾日，當他到家時，林徽因已經燒得不省人事，嘴唇發紫，沒有絲毫生氣。

由於當地沒有任何醫療設施，無奈之下，梁思成學會了肌內注射與靜脈注射。偶爾林徽因咳喘得厲害，半天透不過氣來時，梁思成急得眼淚直流，從來不相信神佛的他甚至每天都向上蒼祈禱，希望林徽因能夠度過此劫。梁思成不知道，林徽因患上的恰是在當時被稱為不治之症的肺結核。

由於長期以來肺部虛弱，加上上次患病時一直沒有得到好的治療與休養，林徽因這次的病情很是嚴重，反反覆覆的發燒以及不時而來的窒息感讓她心如死灰，心中湧現出生無可戀的消極念頭，而一旁的家人看著林徽因遭受病痛折磨，

心中也不是滋味。林徽因在後來給沈從文的一封信中談到了自己身患肺病的痛苦與掙扎:「假如有天,天又有意旨,我真想他明白點告訴我一點事,比如說我這種人需要不需要活著,不需要的話,這種懸著日子也不都是侈奢?比如說一個非常有精神喜歡掙扎著生存的人,為什麼需要肺病,假如是需要,很多希望著健康的想念在她也就很侈奢,是不是最好沒有?」

若不是重疾纏身,又何時見過林徽因如此消極悲觀。自李莊患病後,林徽因再也不能如正常人般健康地生活,往後的餘生大多均與疾病同行,與軟榻相伴。

在梁思成的悉心照料下,林徽因的病情漸漸好轉,可是連續幾個月的高燒讓她難以重現以往的優雅,歲月在她臉上留下了痕跡,那雙曾經靈動無比的眼睛此時黯淡無光。

曠日持久的戰爭讓國家經濟進入半癱瘓狀態,梁思成每月從營造學社獲得的薪水在通貨膨脹中變成了一堆廢紙,梁家的生活水準越來越差。那段時間林徽因胃口很差,經常一整天滴水不沾,偶爾梁思成在當地買到些許紅糖,與橘子皮一同熬製成「甘蔗醬」,幫林徽因進補。當時的情形便恰如金岳霖所說一般:「大家通常吃的都是白米飯拌辣椒,偶爾吃頓菠菜豆腐湯就算是改善生活了。」為了維持生活,梁思成只能把手錶、派克筆等稍微值錢的東西都送至重慶典押,林徽

第五輯　戰火硝煙驚鳳鳴

因得知後不禁心生懊惱,她懊惱自己為何染上如此重疾,讓丈夫不得不為此疲於奔命;她懊惱戰爭為何如此無情,讓無辜百姓身處人間煉獄之中⋯⋯

1945 年 8 月 15 日,日軍宣布無條件投降,十四年的抗戰終於在一個明媚的夏日中結束,全國人民壓抑十四年的憂鬱終於得以宣洩,一時間舉國歡騰,大家紛紛跑到街上,共慶勝利。林徽因的好友費慰梅作為美國大使館的文化專員,前往重慶公幹,完成工作後便馬不停蹄地趕往李莊探望林徽因。當費慰梅看到眼前弱不禁風的昔日好友時,不禁上前將林徽因緊緊抱住,相擁而泣。

在費慰梅的幫助下,梁思成與林徽因終於離開李莊前往重慶。那是林徽因五年來第一次離開李莊,她貪婪地呼吸著清新的空氣,周圍的一切讓她感覺生活依舊多姿多彩,她頓時覺得,五年的等待是那麼值得,因為在這裡,她所嚮往的一切都沒變,世間依然如此美好。

重返來時路，如同夢一場

著名詞人李清照詞云：「物是人非事事休，欲語淚先流。」物是人非總給人一種滄桑之感，當我們回看來時路，很多曾經以為永不改變的人與事如今在時光的洗滌下已經變得面目全非。

到達重慶後，由於擔心林徽因的身體狀況，費慰梅建議她做一次全面的身體檢查。於是，在費慰梅夫婦的陪同下，林徽因來到了政府善後救濟總署，由費慰梅的好友里奧博士為其檢查。雖然林徽因離開李莊後身體一直呈現好轉的趨勢，但檢查結果並不理想。里奧博士告訴費慰梅，林徽因的兩側肺部和一側腎臟已經被結核菌嚴重汙染，根據多年來的臨床經驗推測，林徽因的生命最多僅剩下五年的時光。

為了能讓林徽因有更好的環境養病，金岳霖一眾老朋友想邀請林徽因夫婦到昆明住一段時間，如此一來既能讓林徽因身體快點好起來，又可與多年不見的老友重新相聚。1946年2月，梁思成與林徽因商量後決定啟程飛往昆明，因梁思成在重慶尚有工作未完成，故此次昆明之旅只有林徽因一人前往。老友金岳霖在張奚若家旁邊尋得了一間房子，讓林徽

第五輯　戰火硝煙驚鳳鳴

因居住於此。在多年不見的老朋友的陪伴下，一向喜歡熱鬧的林徽因心情也愉悅起來，整個人更有精神了。

這段時間，梁思成在重慶的營造學社裡忙著收拾，準備啟程回北平。如今戰火停止，大家一致認為待交通恢復後便應把營造學社搬回北平，該建議得到了政府教育部門的允許。於是，梁思成與同事們連夜將各種資料與圖紙打包，時刻準備離開重慶，回到北平工作。

林徽因得知回去的消息後，欣喜若狂，本以為這輩子都無法回到那個讓人魂牽夢縈的故鄉，沒想到這個曾是奢望的念想如今竟變得觸手可及。幾天後，林徽因與西南聯大的教授們一同回到重慶，並住在「中央研究院」招待所裡等待著排期回北平。當梁思成與多年不見的老友相見時，大家抱作一團，喜極而泣。

當天晚上，大家恍如在北平時一般齊聚一堂，互相講述近五年來的遭遇，也談論目前的國家形式以及未來的發展趨勢，當講到國共內戰的時候，大家不由自主地沉默了。

由於政治的腐敗以及無法壓制的通貨膨脹，老百姓不得不透過遊行、反抗去表達自己的不滿，而大家共同的好友聞一多先生便是因在參加愛國人士李公樸的葬禮時發表了相關言論而被特務暗殺於昆明街頭。

對於當時的形勢，知識分子們無不感到寒心。林徽因在

給費慰梅的信中明確表達了對現實的失望：「我作為一個戰爭中受傷的人，行動不能自如，心情有時很躁。我臥床等了四年，一心盼望著這個『勝利日』。接下來是什麼樣，我可沒去想。我不敢多想。如今，勝利果然到來，卻又要打內戰，一場曠日持久的消耗戰。我很可能活不到和平的那一天了（也可以說，我依稀間一直在盼著它的到來）。我在疾病中就這樣焦躁煩躁地死去，真是太慘了。」

1946年7月，梁思成一家五口在「中央研究院」的排程下回到了北平。當飛機從北平上空降落時，林徽因一直遙望著窗外的景色，那曾經無比熟悉的北平名勝在此時漸漸變得清晰可見。她看到了香山依舊滿布著紅黃相間的楓葉，看到了挺拔高聳的萬壽山，也看到了昆明湖上若隱若現的金光閃爍……

到了西郊機場，林徽因一家乘車進城，巧的是所走的恰是梁思成二十年前每天放學回家的必經之路。他興奮地為孩子們指點道路兩旁的店鋪，說到高興處更是笑個不停。看著眼前兩鬢斑白的梁思成與一對初長成的子女，林徽因恍惚間覺得自己經歷了一場大夢。這一夢，花白了青絲，也招來了病魔，二十年前的景物依舊不變，變的只是路過的人與重遇時的心情。

回望來時路，北平的時光是林徽因一生中最珍貴的回

第五輯　戰火硝煙驚鳳鳴

憶，那一年她靈動活潑，有一群寵愛她的朋友，有一個謙卑有禮的丈夫，還有那值得她不斷奮鬥的事業，想來人生最美滿的幸福也莫過於此。然而，再次回到北平，她的靈魂已千瘡百孔，身體也被病魔所侵蝕。其實何止林徽因，就連北平，都發生了巨大的變化，道路兩旁的花卉早已被戰火摧毀，天空一片陰霾，也許唯一不變的就是身邊待她始終如一的丈夫。

　　私以為，這也是林徽因的動人之處：既然選擇了梁思成，就經得起繁華與平淡，無論貧窮生死，依舊不離不棄。這正是：擇一人，翻山越嶺；盡一生，只如初見。

第六輯　勢均力敵的愛情

　　對於古建築,他們一開始就是當作一種神聖的事業來獻身的。

第六輯　勢均力敵的愛情

運籌帷幄，清華建築系步入正軌

　　回到北平後，北平的教育事業逐漸開始振興，作為中國建築業權威的梁思成被清華大學聘請為建築系主任。其實，早在李莊的時候梁思成便已對戰後教育重建工作有所準備。抗戰期間，梁思成與林徽因每到一個地方都想盡一切辦法對當地建築進行分析研究。戰後，梁思成對多年來蒐集的資料進行了整理，那些零散的資料變成了一部部珍貴的建築學寶典。

　　踏入清華校園，梁思成心中百感交集。他上一次走進清華大學已經是三十多年前的事情了，那時候他與弟弟思永還在這裡學習，如今他已成為清華大學建築系第一任系主任。

　　鑒於清華大學建築系此時正處於百業待興的狀態，梁思成任職後，帶來了他在營造學社的助手，還聘請了一批當代有名的建築學家。1946 年，清華大學建築系正式成立，首屆招收了 15 名學生，後來這 15 人亦成為當代建築產業不可缺少的菁英。看到梁思成在經歷了戰亂後終於能實現自己的理想，作為妻子的林徽因感到無比自豪。她想起了夫妻二人在東北大學任教的時光，那時候雖然每日埋首工作至深夜，卻

運籌帷幄，清華建築系步入正軌

是她一生中最開心的歲月，如今自己疾病纏身，反而成了丈夫的拖累。

1947 年，林徽因的病情突然加重，每天夜裡都被劇烈的咳嗽與喘息折磨得無法入眠。此時梁思成正在清華大學的安排下遠遊美國，多次在耶魯大學、普林斯頓大學等著名學府講學，普林斯頓大學更是授予他文學博士學位，一時之間梁思成在建築業聲名大噪。越是如此，林徽因越不願意讓正處於事業巔峰的梁思成分心，她在寫信給丈夫時開始刻意隱瞞自己的病情。奈何天不遂人願，日漸加重的病情使林徽因甚至無法正常生活，大家不得不將她送往醫院，接受進一步的治療。

經過一系列檢查，醫生斷定林徽因體內的結核病菌已經擴散至一側腎部，當務之急是要進行手術切除。得知林徽因病情的梁思成急得百爪撓心，心中不由得一陣擔憂。

北平的十月依然無比炎熱，單調的醫院生活使林徽因對這個蒼白且寂靜的地方感到無比厭倦，奈何手術前的全面檢查使她只能屈身於此，那小小的、蒼白的房間便是林徽因這十幾天來唯一能活動的地方。

閒來無事，林徽因只能把無處安放的情感寄諸筆端，在詩歌中宣洩自己無奈的情感：

第六輯　勢均力敵的愛情

> 我病中，這樣纏住憂慮和煩擾，
> 好像西北冷風，從沙漠荒原吹起，
> 逐步吹入黃昏街頭巷尾的垃圾堆；
> 在黴腐的瑣屑裡尋討安慰，
> 自己在萬物消耗以後的殘骸中驚駭，
> 又一點一點給別人揚起可怕的塵埃！

在詩歌的最後，林徽因更是史無前例地寫上了「三十六年十二月病中動手術前」的字樣，也許當時的她以為這便是生命結尾的一個標識。

手術前，好友紛紛前來探望。面對大家的關懷與擔憂，林徽因一如既往地與大家開著玩笑，看似若無其事。幸好，手術十分順利，雖然由於她的體質過於虛弱需要長時間觀察，但對比術前情況，林徽因的身體狀況已大有改善。

1948年，林徽因開始整理一些抗戰時期創作的詩作。看她身體稍稍有所恢復便開始工作，梁思成既高興又擔心。林徽因不管梁思成的勸阻，自顧自地整理作品，為自己重獲「自由」而感到欣慰，恰如金岳霖在談論林徽因時所說的：「她倒用不著被取悅，但必須老忙著。」

1949年，鑑於林徽因出色的建築學術水準，清華大學聘請她為建築系一級教授。這一年林徽因45歲，在時光與病

痛的折磨下，她逐漸失去了年少時的靈動，取而代之的是洗盡鉛華的沉穩與成熟。這一年，國家政協籌委員會決定把設計中國國徽的任務交由清華大學與中央美院聯合完成，林徽因在諸多學術專家中脫穎而出，成為清華大學設計小組中的一員。

對於這次挑戰，梁思成以及身邊的朋友都持反對意見，畢竟就如今林徽因的身體狀況而言，難堪重負，對她病情的康復也百害而無一利。然而，林徽因一再堅持，沒有人能說服她，她寧可透支身體的健康，也要完成這個具有歷史價值的任務。

第六輯　勢均力敵的愛情

日夜奮鬥，莊嚴肅穆的中國國徽出爐

　　國外著名樂隊涅槃樂隊主唱柯本（Kurt Cobain）曾經說過這麼一句讓後世無數人熱血沸騰的話，他說：「與其苟延殘喘，不如縱情燃燒。」自從接受了中國國徽的設計任務後，林徽因的生活開始以分鐘計算，每天充實的工作以及短暫的休息成了她生活的全部，更重要的是，一直以來她所依賴的梁思成更是從生活中的伴侶轉變成了工作中的搭檔，這樣一來林徽因曾經靜謐而悠閒的生活因為中國國徽設計的工作而暫時告一段落。

　　當時梁思成被任命為中國國徽審查委員會的成員，每天往返於清華大學與北京城之間，好不容易等到夜色降臨回到家中，還得向林徽因轉達審查委員會的意見。很多時候，梁思成看著林徽因一臉認真的樣子，心中難免會擔憂，但經過這些天的忙碌，他從堆積如山的工作中看到了妻子發自內心的快樂與滿足。

　　然而好事多磨，經過兩個月的高強度工作後，清華大學送審的第一稿設計方案卻被委員會退回。當天，林徽因召集了設計小組成員來家中商議中國國徽的修改方案。其中，

日夜奮鬥，莊嚴肅穆的中國國徽出爐

大家就中國國徽上是否應該新增天安門圖案進行了激烈地爭論。

林徽因在查閱了大量西方文獻以及中國古籍後，提議去掉煩瑣的元素，增添天安門廣場圖樣。她的建議贏得了部分參與者的贊同，而梁思成卻不同意，他認為作為新政權的形象代表，貿然新增古建築實在不妥。二人就這個問題進行了商討，在談論過程中，他們看到了彼此眼中煥發出的他物難以取代的熱愛，不由得在激烈的爭辯中笑出聲來。結果以林徽因與張仃為代表的「天安門派」在這次爭論中獲得了勝利。在政府官員的指示下，明確了中國國徽必須要包含天安門元素。設計要求明確了，林徽因及小組成員又開始了高強度的工作，無數巧妙構思在梁家這間小小的屋子裡迸發。隨著送審日期的臨近，幾乎每個人都在通宵達旦地工作，在梁家小小的客廳裡，無論是枕頭上、桌子上還是地上，都擺滿了密密麻麻的設計圖樣，幾乎連下腳的地方都沒有。

最終，在夜以繼日的努力下，中國國徽設計的樣稿在某日的清晨完成，那閃爍著金色光芒的天安門立體圖在朝陽的照射下散發出莊嚴肅穆的光芒。當助手將樣稿送審後，林徽因與梁思成二人癱倒在床上，多日以來的高強度工作令他們疲憊不堪，甚至連參與審委會評審的力氣都沒有。此時，他們看著彼此疲憊且滿足的面容，心中感到相當充實。

第六輯　勢均力敵的愛情

　　過了不久，朱暢中回到梁家，帶來了好消息給大家：審委會初定選用清華大學設計稿，但需要在原有的稿件基礎上加以優化。待到朱暢中詳述了評選過程與修改意見後，清華園早已陷入一片寂靜，午夜涼風拂過，讓人感到絲絲涼意，但梁思成與林徽因此時卻無比興奮，毫無睡意，憑藉著一腔熱血立刻著手進行設計修改。

　　1950 年 6 月 23 日，全國大會在中南海懷仁堂召開，作為中國國徽的設計組成員林徽因被邀請出席。在會議期間，中國國徽的選用成為最大亮點之一，當宣布清華大學設計的中國國徽形象得以通過後，全場爆發出雷鳴般的掌聲，而作為設計者之一的林徽因更是激動得差點無法從座椅上站立起來。當傾注了自己全部心血的作品成為國家形象的一部分，林徽因不禁熱淚盈眶，此後她的大名更是在業內廣為流傳。

　　這是林徽因一生中最絢爛的一筆。她的努力與付出，不為財富，不為名利，不為榮耀，只是為了對得起熱愛的國家和鍾愛的事業。

　　對於母親在建築方面的成就，梁從誡說：「母親在測量、繪圖和系統整理資料方面的基本功不如父親，但在融合材料方面卻充滿了靈感，常會從別人所不注意的地方獨見精采，發表極高明的議論。那時期，父親的論文和調查報告大多經過她的加工潤色。父親後來常常對我們說，他文章的『眼睛』

大半是母親『點』上去的。」

　　林徽因有美學的修養，還兼具科學家的縝密，她總能賦予那些沒有血肉的設計方案和建築軀體以靈性，創造一種「建築意」。這就是她對事業的追求，以一種近乎神聖的使命感，完成自我價值的實現。

第六輯　勢均力敵的愛情

測圖繪樣，終成靈魂豐碑

容貌之美並不足以長駐，堅持夢想，並不斷探索奮進的姿態，才是真正經得起歲月檢驗的美麗。能穩妥地保持寧靜，也能以一個人的行動影響周遭的生命與環境，這樣的存在，柔軟溫厚，讓人懷念。

1949年9月30日，人民英雄紀念碑破土奠基，直到1958年4月建成，耗時近9年。從1952年梁思成和雕塑家劉開渠主持紀念碑設計開始，林徽因便被任命為人民英雄紀念碑建築委員會委員，參加紀念碑的設計工作。此時，她已經病得不能下床，索性在起居室裡安放兩張繪圖桌，以方便工作。

林徽因此時主要承擔的工作是紀念碑須彌座浮雕的設計。親朋好友都勸她放下手中的工作，靜心養病，但是，她瘦小的身體裡卻迸發出強烈的光和熱，以充沛的能量迎接新的挑戰。從總平面規劃到裝飾圖案紋樣，她一張一張認真推敲，反覆研究。每繪一個圖樣，她都要逐級放大，從小比例尺全圖直到大樣，並在每張圖上繪出人形，確保正確的尺寸。在風格上，她則主張以唐代風格為藍本進行設計。

測圖繪樣，終成靈魂豐碑

林徽因對世界各地的花草圖案進行反覆對照研究，描繪出成百上千種花卉圖案。枕頭邊上，床頭桌上，書桌前，沙發上，到處都是一沓沓圖紙。她的助手關肇鄴，如今的清華大學建築學院教授，回憶起當年的情景時說：

林先生更是重病在床，不能持筆，所以需要一個人幫助繪圖和跑腿。協會選我去做這件事，這是一段近兩個月的工作。在梁家客廳，支起了一臺簡易的繪圖桌，隔壁便是林先生的臥室，便於隨時把圖拿進去給她審看修改。

……她的學識極廣，談論問題總是旁徵博引而且富有激情。對於設計的評論，她的眼光總是敏銳而語言總是坦率的、一針見血而又幽默生動的。

在成百上千種圖案中，林徽因最終選定以橄欖枝為主題的花環圖案。在選用裝飾花環的花卉品種上，她和梁思成最終選定了牡丹、荷花和菊花三種，象徵高貴、純潔和堅韌的品格精神。須彌座正面設計為一主兩從三個花環，側面為一個花環，同基座的浮雕相互照應，運用傳統的紀念性符號，如同一組上行的音階，把英雄的樂章推向高潮。須彌座的精緻蓮瓣，聖潔靜美，在紛亂的塵世裡悄然綻放。那是一種別樣的美，沉靜幽然，就像林徽因本人。

大家都知道，她是「康橋之戀」的女主角，風華絕代，文采斐然，卻鮮有人關注她在建築事業上的造詣與貢獻，還有

第六輯　勢均力敵的愛情

她背後付出的超乎常人的辛苦。往事如煙，舊日的深情已與回憶同眠，而那些經她設計的建築圖案和藝術作品，卻隨著時間的打磨，越顯流光溢彩。

嘔心瀝血，保衛古城

　　時至今日，北京的城市輪廓依舊保持著 1950 年代的舊城改造思路。由於二環路以內的土地過度開發導致了人流、交通過度集中，造成了極其嚴重的住房、交通壓力和空氣汙染。一位學者楊東平在論文〈對城市建築的文化閱讀〉中，提出了首都人口密度過大對城市帶來的負面影響以及人們生活品質下降的問題，從而使 50 年前梁思成、林徽因的聲音再次在群眾及學術界中響起。在梁思成與林徽因為保護古建築而疲於奔命時，群眾卻以一股強烈的聲音歌頌著「建設新世界」的功勳，將林、梁二人辛辛苦苦實地考察得來的古建築保護意見一一推翻。

　　當時北京舊城改造工作進行得如火如荼，人們紛紛提議拆除城牆建道路，摧毀城門蓋大樓，反正一切與封建社會有關係的建築物人們都恨不得將其拆之而後快。在城牆被毀時，梁思成與林徽因感到無比絕望，面對群眾洶湧的叫好聲，林徽因幾乎絕望地發聲：「為什麼經歷了幾百年的戰亂與滄桑，從炮口下搶救出來的古城，反而在新的和平建設中要被毀棄呢？為什麼我們在博物館的玻璃櫥裡精心儲存幾塊殘

第六輯　勢均力敵的愛情

磚碎瓦，同時卻把儲存完好的世界上獨一無二的古建築拆得片瓦不留呢？」以研究東方古建築為己任的梁思成更是無比痛心，即使舊城改造專案結束多年後，他依然深陷在自責中無法自拔，他痛恨自己無法保護那座古老而厚重的北京城，他曾說過「拆掉一座城樓，就像割掉我一塊肉；扒掉一段城牆，就像剝掉我一層皮」。

在1950年代，梁思成與林徽因用盡了一切方法阻止舊城改造專案的落成。梁思成四處奔走，找到相關部門大力呼籲保護古建築，說到動情處更是聲淚俱下，然而，在當時「摧毀舊世界」的浩大聲勢中，他的聲音被淹沒了。梁思成的努力仍然無力迴天，舊城改造專案以及拆除城牆終究成為現實。當時，擔任北京市副市長的吳晗負責古建築拆除工作，在一次文化部舉辦的聚會中，林徽因與吳晗發生了一次面對面的衝突，她大聲譴責：「你們真把古董拆了，將來要後悔的！即使再把它恢復起來，充其量也只是假古董！」

也許林徽因這次出席聚會的目的便是在眾人面前表明自身立場，畢竟當時她重疾纏身，早已深居簡出。據當時在場的人回憶，林徽因譴責吳晗時嗓音已經嚴重沙啞，動怒後的她更是出現了短暫休克的跡象，但她當時的神情與那種不惜性命捍衛古建築的堅定令人為之動容。這是林徽因一生中首次在公開場合情緒失控，為了保存中華千百年來的傳統建

築,她願意為此消耗自己的最後一分力氣,哪怕徒勞無功。

林徽因對於古建築的情感是非常深厚的,正如梁從誡說的:「母親愛文學,但只是一種業餘愛好,往往是靈感來時才欣然命筆,更不會去『為賦新詞強說愁』。然而,對於古建築,她卻和父親一樣,一開始就是當作一種近乎神聖的事業來獻身的。」

「在她已經病得幾乎走不動的時候,還能有那麼大的勇氣去做這件事,唯一的解釋就是她的社會責任感及歷史責任感在支持著她,她認為自己不可能做對不起民族及子孫後代的事。」對於林徽因重病時仍為北京老城牆一事奔波的行為,梁思成回憶道。

總有預言會被印證。2004年,北京城為恢復古都風貌,重建位於中軸線上的永定門城樓。古建築拆而復建,也許正如林徽因說的:「充其量也只是假古董!」

她是烈性的女子,為了自己的信仰從來不會妥協。即使處境孤絕,她也依然堅持自己的原則,從不向命運低頭。「當作一種近乎神聖的事業來獻身」,這句話,已注定了負重前行。她走的路,令旁人望塵莫及。

也許是悲傷過度的緣故,林徽因在經歷了舊城改造事件後一蹶不振,不得不臥床休息。

第六輯　勢均力敵的愛情

第七輯　深情難料意難消

　　喜歡一個人，愛一個人，是一件深厚久遠而又私密的事，它可以是一生一世一輩子。

第七輯　深情難料意難消

半生無相思，一眼定餘生

在林徽因短暫的一生中，有三段情誼為後人津津樂道，大家沉迷於她與徐志摩之間浪漫的愛情，也有人傾慕她與梁思成之間相守相伴的平凡之樂，然而對於她與金岳霖之間的感情，大家卻知之甚少。

在生活中，如梁思成一般寬厚安穩的人或許並不鮮見，如徐志摩一般儒雅浪漫的才子亦可覓其蹤跡，但如金岳霖一般癡情的人卻是少之又少。且不論金岳霖為了林徽因終身未娶一事是否確鑿，從他多少年來一直跟隨林徽因身後，為他們夫婦排憂解難便可看出其深情款款。

遇見林徽因之前，金岳霖便已是北平城內頗有名氣的學者。他自幼便展現出無與倫比的邏輯天賦，據說在他十幾歲的時候，當聽到有人口中說出「金錢如糞土，朋友值千金」這句俗語時，便立刻悟出其中的邏輯缺陷。在金岳霖看來，如果說「金錢如糞土，朋友值千金」的話，那麼朋友豈不是便如同千萬坨糞土嗎？金岳霖的看法引起了當時身邊人的驚訝，大多數人更是驚嘆他的理性與嚴謹。

1920年，金岳霖赴美留學，並輾轉英美兩地，既學習了

政治學，又在倫敦大學學習了經濟學。1925 年學成歸來後回到清華大學任教，並成為哲學系的元老。據說起初金岳霖的家人希望他學習會計學，以方便日後謀生，但自小天資聰穎且心氣極高的金岳霖告訴家人：「簿計學，是雕蟲小技。我堂堂七尺男兒，何必學這雕蟲技藝。昔日項羽不學劍，就是因為劍乃一人敵，不能當萬夫。」

心高氣傲的金岳霖回到清華大學後，其扎實的學科基礎與出色的傳授能力使清華大學哲學系為國家培養了不少人才。從當時還是其學生的汪曾祺的回憶中可看出他的與眾不同：

金先生的樣子有點怪。他常年戴著一頂呢帽，進教室也不脫下。每一學年開始，給新的一班學生上課，他的第一句話總是：「我的眼睛有毛病，不能摘帽子，並不是對你們不尊重，請原諒。」他的眼睛有什麼病，我不知道，只知道怕陽光。因此他的呢帽的前簷壓得比較低，腦袋總是微微地仰著。他後來配了一副眼鏡，這副眼鏡一隻的鏡片是白的，一隻是黑的。這就更怪了。後來在美國講學期間把眼睛治好了，—— 好一些了，眼鏡也換了，但那微微仰著腦袋的姿態一直還沒有改變。他身材相當高大，經常穿一件菸草黃色的鹿皮夾克，天冷了就在裡面圍一條很長的駝色的羊絨圍巾。……除了體育老師，教授裡穿夾克的，好像只有金先生一個人。他的眼神即使是到美國治了後也還是不大好，走

第七輯　深情難料意難消

起路來有點深一腳淺一腳。他就這樣穿著黃夾克，微仰著腦袋，深一腳淺一腳地在聯大新校舍的一條土路上走著。

恰如當時人們所說，當我們在大街上看到不同的人時，我們可能難以判斷他的職業，但當我們之中大多數人看到金岳霖以後，十有八九便可立即猜測出他是一名哲學系教授。

後來，機緣巧合之下，金岳霖由徐志摩引薦參與了梁思成舉辦的文化沙龍，並得以結識林徽因，自此以後那一抹如彎月般的微笑便時刻烙在他的心頭，恰如歌詞裡所說的：「只是因為在人群中多看了你一眼，再也沒能忘掉你容顏。」對於金岳霖而言，這一眼讓他本該灑脫的人生從此多了一絲牽絆。

一輩子擇林而居

結識林徽因後,金岳霖被其獨特的見識與優雅的風采所吸引,一時之間情不能已,就想把家搬到梁府附近,以便能常常見到林徽因。

然而北總布胡同在當時可謂繁華之地,在該處尋得一房屋並非易事,眼看金岳霖為了房子的事情四處奔波無果,梁思成便把自己的後院租借給他,並為他在後院開了一道大門,供他出入。自此以後,金岳霖便居住在梁府後院中,成了二人的鄰居,閒來無事時經常到梁府做客,談天說地,不亦樂乎。

在某個晴空萬里的早上,梁府如往常一般靜謐,林徽因在內屋閱讀古籍,梁思成則攀上了屋頂測量數據,正於遊廊閒逛的金岳霖看到如此景象,不由得詩意大發,即興編寫了一副對聯:「梁上君子,林下美人。」

梁思成聽見金岳霖編得如此對聯,不禁喜由心生。本來,梁上君子並非褒義,但此時用在梁思成身上卻恰到好處,他不禁對此盛讚:「我就是要做『梁上君子』,不然我怎麼才能開啟一條新的研究道路,豈不是紙上談兵了嗎?」而林徽因對這「林下美人」卻絲毫不買帳,只見她衝著金岳霖翻

第七輯　深情難料意難消

了翻白眼,隨後說道:「真討厭,什麼美人不美人,好像一個女人沒有什麼可做似的,我還有好些事要做呢!」林徽因說罷,三人相視大笑,金岳霖對於這位「林下才女」更是多了一分欣賞。

在金岳霖看來,林徽因的美不僅在於清秀靈動的外貌,更在於她對事業的執著與偏愛。與同時代的女子相比,林徽因並不喜愛應酬與交際,她更喜歡與事業和書本做伴;她不愛時髦打扮,卻無時不散發著腹有詩書的高貴氣質。對於林徽因的感情,也許連金岳霖自己也說不清楚,他深知自己對林徽因有一種莫名的喜愛,但當他看到林徽因與梁思成二人共同生活時,心中卻鮮有不快,反而會因為林徽因的歡樂而莫名傻笑……

如今想來,讓一名外人居住於自己家中實在是難以想像,但就當時的情況而言,梁思成此舉也並非不可理解。一來,當時民風純樸,加上金岳霖本出身於書香門第,梁思成並不擔心金岳霖會垂涎家中財產;二來,梁思成如今任職於營造學社,並身居要職,前往外地實地考察的機會不斷增多,加上林徽因剛好從香山休養回來,身體尚有一絲虛弱,為了避免妻子一人在家難以料理家務,於是,梁思成便委託金岳霖在自己外出考察時幫忙照顧林徽因,而金岳霖自然也欣喜地滿口答應了下來。在北總布胡同的日子裡,金岳霖與

林徽因之間開始有了單獨相處的時光，二人對於學術的執著使彼此漸漸衍生出一種相見恨晚的感覺，金岳霖亦開始有意無意地走進林徽因的生活，為她煎藥，幫她料理家務……

1932年，梁家喜得一子，並取名從誡。林、梁二人興奮不已，金岳霖亦難掩心中喜悅。也許，塵世間的男女情愛大多難以達到金岳霖的高度，他不僅鍾愛林徽因，還將她與梁思成的兒子從誡當作親生兒子對待，自梁從誡出生開始，金岳霖便一直擔當著他的人生導師，直至成年。

漸漸地，金岳霖開始習慣了在林徽因身旁的生活，在日後回想起來時，也不免感嘆：「一旦離開梁家，整個人就恍如丟了魂一般。」對於金岳霖而言，愛情不過是一場恆久的無私付出，他追求的並不是白頭偕老的結果，而僅是對方的一抹歡顏。

人世間，恰是這種無私的愛最讓人感動，就連林徽因對於金岳霖為自己付出的點滴亦感到一絲溫熱。但林徽因是一位多麼清醒理智的女子啊，她又如何允許自己陷入婚外的愛河呢？就在金岳霖與林徽因在生活中漸漸熟悉彼此時，林徽因覺察到了危險，知道再這樣下去恐怕會造成不可想像的後果，於是她用理智告訴自己，與金岳霖的情誼已經位於朋友的界限之上，若再往前一步便會越過雷池，對此自己必須有所行動……

愛她就成全她

愛是什麼？愛是傾己所有不求回報的付出，愛是茫茫人海中彼此相遇相擁的溫暖。一紙婚書，可以是愛的見證，也可以是愛的結晶，但在某些時刻，也會是保衛愛情的圍牆，銘刻初心的記載。

林徽因與梁思成這對患難夫妻經歷過無數苦難，生活的磨礪使他們漸漸離不開彼此，然而此時金岳霖卻悄然走進林徽因的生命中，讓她一時間進退兩難。

與其他傾慕者不同，金岳霖對林徽因並沒有苦苦追求，而是選擇默不作聲地伴隨在她身旁。當梁思成一家定居北總布胡同時，金岳霖亦把家搬到了梁家後院中。試想一下，本是心高氣傲的邏輯學博士，如今竟然為了親近紅顏而屈身於後院，總歸是一種妥協。

每當北總布胡同中舉辦文化沙龍時，金岳霖總是第一個參與其中，並協助林徽因布置會場以及招呼客人。當梁思成外出公幹時，金岳霖總是如同兄長般照顧林徽因的起居飲食，並為她講述身邊趣事以排憂解悶。也許每一個懂得愛的人都如同金岳霖般，他的愛並沒有排山倒海的氣勢磅礡，卻

有著細水長流的循序漸進,這份愛如同空氣漸漸滲透到林徽因的生活中,讓人無法拒絕。

漸漸地,林徽因開始習慣他的存在,尤其是梁思成不在的時候,他的出現讓林徽因更有安全感,眼前這個富有才華、溫柔、有紳士風度的男子,早已使她的內心泛起了波瀾。只是,她用自己飄逸優雅的姿態,隱藏了對於這份感情的期盼。她深知自己早已嫁作人婦,為避免深陷其中,決定將這一縷情絲斬斷在萌芽之前。

那是1932年的某一天,林徽因坐在客廳沙發上盯著牆上的鐘擺,那一下又一下的晃動告訴她時間正不斷流逝。早在之前梁思成為完成營造學社下發的實地調查任務,不得不與同事前往寶坻進行調查,想來今天便是回來的日子。

聽著窗外嘈雜的聲音,林徽因此時心亂如麻,那要說未說的話縈繞在心頭。她不敢想像當梁思成得知自己的心思後會怎樣,然而她也不希望對這個百依百順的丈夫有所隱瞞,此時的她只想時間慢一點再慢一點,好讓她能再享受一會寧靜的時刻。客廳的大門被開啟,風塵僕僕的梁思成攜著行李歸來,林徽因不由自主地擠出一絲微笑,並為丈夫收拾著行李。待到一切收拾妥當,林徽因鼓起勇氣靠近梁思成,將心中醞釀了多日的話向他訴說:「我苦惱極了,因為我同時愛上了兩個人,不知怎麼辦才好。」

第七輯　深情難料意難消

　　話音剛落，林徽因心中頓時生出一股愧疚之情，而梁思成此時更是無比震驚，一時之間根本無言以對。林徽因低垂著頭，作為妻子的她此刻在祈求梁思成的幫助，而梁思成亦心亂如麻，不知從何而來的痛苦緊緊地掐住了他的脖子，體內的血液彷彿一時間凝固了。

　　在草草應付了林徽因後，梁思成陷入了沉思，雖然平日自己為人低調有禮，但又怎能察覺不到林徽因心中糾結的源頭？他不斷問自己，若是林徽因跟金岳霖在一起的話，是否會比現在更幸福。

　　在此我們不得不佩服梁思成的大度，他得知林徽因在金岳霖出現後心猿意馬時並沒有如常人般大發雷霆，反而開始理性地分析自己與老金之間的差異，他想也許金岳霖那種哲學家的思維能為林徽因帶來更多歡笑與樂趣。

　　那一晚，梁思成徹夜無眠，他向林徽因表達了自己的態度：「謝謝妳對我的坦白與信任，但妳是自由的，如果妳選擇了老金，我祝你們永遠幸福。」一句話，看似風輕雲淡，卻字字關情。這或許是一個丈夫對妻子最寬宏的愛了吧，不索取不占有，只願你一世安好，便心滿意足。

　　話未說完，莫名的苦澀從心頭蔓延，酸了鼻子亦紅了眼眶，林徽因夫妻二人相擁而泣。他們對待感情是如此純粹，他們學不會對彼此隱瞞，也不捨得彼此分離。

然而對待感情一事如孩童般純真的人又豈止他們夫妻二人？當林徽因把梁思成的話告知金岳霖後，金岳霖想了片刻，緩緩說道：「看來思成是真正愛妳的，我不能去傷害一個真正愛妳的人。我應該退出。」

最終，這段感情在彼此的理解與付出中落下了帷幕。自那次談話以後，林徽因再未跟梁思成說起此事，而金岳霖得知自己的出現讓林徽因夫婦如此為難，於是窮盡一生將愛意埋藏心底，把林徽因當作自己生平最好的朋友一般呵護。

在三人相處的這一段小插曲中，也許正是彼此的坦誠相見讓三人都收穫了這個相對圓滿的結局，林徽因的坦誠、梁思成的大度以及金岳霖的君子風範讓三人的關係更加穩固。

此後，金岳霖與梁、林夫婦比鄰而居，且終身未娶。

愛她，就成全她。如此氣度，讓遇見他的人無不心生敬意與憐惜。

第七輯　深情難料意難消

陪伴是最長情的告白

經過了彼此坦誠後，金岳霖與林徽因夫婦成了無話不談的摯友。作為民國時期為數不多具有風骨的文人，金岳霖雖對林徽因仍有無比愛意，可他卻將其深埋心底，以陪伴的方式一路伴隨著林徽因走完一生。畢竟，往事雖不重提，情誼卻一直留存。

本以為三人會在北總布胡同長居下去，然而天不遂人願，1930年代抗日戰爭打響，北平被日軍攻陷，林徽因一家不得不扶老攜幼一路南下逃亡，而金岳霖亦隨著單位一路南下遷移。

在動盪的時代，北平的這一批文人墨客吃盡了苦頭。與林徽因分別後，金岳霖隨著西南聯大一路南遷後定居昆明。幸好，林徽因一家在輾轉多地後亦南下昆明。當時昆明的許多住處早已被西南聯大的眾多教授租下，金岳霖想盡辦法才租得幾間房子供林徽因一家居住。在大難臨頭各自飛的年代裡，金岳霖的所作所為讓林徽因一家無比感動。

那個時候，林徽因重疾纏身，加上物價飛漲，梁家連一些尋常補品也很難買得起，於是在金岳霖家中便有了這麼一

幕：飯桌前，金岳霖正一人品嘗著飯菜，在他的左手邊站立著一隻母雞，趁金岳霖不注意母雞便不時把頭伸向飯碗中，迅速吃得米飯，而金岳霖對此也絲毫不在意，只盼望著母雞快點長大。據文獻記載，早在1920年代金岳霖便喜好飼養母雞，但這時候他飼養家禽主要還是為了每天拾得一枚雞蛋，定期讓林徽因補充營養。

此時的金岳霖早已將對林徽因的愛昇華為親情，在他的世界裡亦從此有了這麼一個人，她不屬於自己，她擁有自己的天地與未來，彼此之間雖然沒有太多交集，卻是對方心中最重要的存在。面對這種狀態，金岳霖曾深思：「愛說的是父母、夫婦、姐妹、兄弟之間比較自然的感情；喜歡說的是朋友之間的感情，是喜悅。二者經常是統一的，那就是既是親戚又是朋友，不統一的時候也不少。」

抗日戰爭後，金岳霖與林徽因一家一直比鄰而居，後來林徽因病重入院，金岳霖亦奔走於醫院與家之間。若不是林徽因的離世，恐怕金岳霖仍會繼續沉浸在這種無比快樂的生活之中。當林徽因轉身離去時，金岳霖追求了一生的美好亦隨之逝去。自此以後，金岳霖開始與回憶做伴，本就性格異於常人的他逐漸變得孤僻，在沒有課的時候常常喜歡把自己關在家中，一待便是一天。他還蒐集了大量有關林徽因的照片與文獻，閒暇時便獨自一人沉默地翻閱，彷彿只有從這些

第七輯　深情難料意難消

泛黃的紙張中才能尋得過去的美好。

據說在金岳霖晚年,陳鍾英先生與友人前來拜訪,陳鍾英向他展示了一張疑似林徽因的照片,希望憑藉著金老對林徽因的熟悉能夠確認一番。沒想到,金岳霖拿到照片後竟渾身微顫,片刻淚水便沿著臉上的皺紋滑落,任由陳鍾英如何叫喚金岳霖亦不作理會。

後來,當陳鍾英向金老告辭時,金岳霖緊緊拽著手中照片,恍如孩童一般懇求道:「給我吧,把照片給我吧!」看到金老如此模樣,陳鍾英亦不免為他的痴情深深感動。當時金岳霖早已年過古稀,距林徽因離世也有十數年光景,然而這名痴情學者卻為了當年的一見鍾情而掛念一生。

在林、梁、金三人中,金岳霖最長壽,享年89歲。晚年,金岳霖和林徽因的兒子梁從誡生活在一起,從誡以「尊父」之禮事之,稱之為「金爸」。金岳霖去世後,梁從誡夫婦料理了「金爸」的所有後事,並將他與父母安葬於一處,讓他們再次「比鄰而居」。

守著一脈深情,他一世無憾,無悔。

第八輯　萬古人間四月天

　　有些人,有些事,是她一生無法迴避的緣。而她所感念的,就是那些存在,那些生命。它們,豐盈了她一生的記憶。

太太客廳：讓自由與詩意綻放

文人的妙趣，是聚在一起吃茶聊天，讀詩朗誦，談論天下事。它的形式猶如歐美的文化沙龍，給人一種朦朧的、浪漫主義的美感。

這種文藝界的小聚會，很快聚集了當時一批中國文化界的菁英。在這些聚會裡，朱光潛和梁宗岱在景山後面的寓所每月一次舉辦的「讀詩會」和位於北總布胡同四合院的「太太客廳」最為知名。

「讀詩會」實際上是 1920 年代，聞一多在西單闢才胡同沙龍的繼續。冰心、凌叔華、朱自清、梁宗岱、沈從文、卞之琳、何其芳、蕭乾，還有旅居中國的英國詩人尤連・伯羅、阿立通等人都是沙龍的成員。「讀詩會」聚會形式輕鬆活潑，大家可以在這裡暢所欲言，所以也時有爭論發生。「太太客廳」吸引大家的不只是文化界菁英們的高談闊論，還有一位思緒敏捷、十分擅長引起話題、極富親和力與感染力的女主人——林徽因。林徽因總是辯論的核心人物，她言辭犀利，從不留面子給對方。

太太客廳：讓自由與詩意綻放

與「讀詩會」直奔主題的形式不同，「太太客廳」裡的交流更隨性、散漫，且富有人情味。浸泡在民國文化圈的各路文人，在這裡談古論今，暢聊人生。

「太太客廳」除有沈從文這樣的作家外，還有研究哲學的金岳霖、經濟學教授陳岱孫、法學家錢端升、考古學家李濟等。梁思成的妹妹和姪女也常會在放學時，帶著女同學們來聽「演講」，接受新思想的洗禮。

其中，林徽因總能以酣暢雄辯的談吐，將所有的目光吸引到自己身上，盡顯沙龍女主人的風采。正如當時住在西總布胡同21號的美國學者費正清（John Fairbank）所言：「她交際起來洋溢著迷人的魅力，在這個家，或者在她所在的任何場合，所有在場的人總是全部圍著她轉。」

作為這群文化名流的中心，林徽因的美國朋友費慰梅曾這樣描述她：

> 每個老朋友都會記得，徽因是怎樣滔滔不絕地壟斷了整個談話。她的健談是人所共知的，然而使人嘆服的是她也同樣擅長寫作，她的談話和她的著作一樣充滿了創造性。話題從詼諧的軼事到敏銳的分析，從明智的忠告到突發的憤怒，從發狂的熱情到深刻的蔑視，幾乎無所不包，她總是聚會的中心人物。當她侃侃而談的時候，愛慕者總是為她那天馬行空般的靈感中所迸發出來的精闢警語而傾倒。

第八輯　萬古人間四月天

這個具有國際俱樂部特色的客廳,不但吸引了許多文化界菁英,同時也是令許多初出茅廬的文學青年心馳神往的地方。

當時還在燕京大學讀書的文藝青年蕭乾,因為一篇發表在《大公報》文藝副刊上的文章〈蠶〉,得到了林徽因的欣賞,被邀請來到「太太客廳」做客。

那天,我穿著一件新洗的藍布大褂,先騎車趕到達子營的沈家,然後與沈先生一道跨進了北總布胡同徽因那有名的「太太的客廳」。聽說徽因得了很嚴重的肺病,還經常得臥床休息。可她哪像個病人,穿了一身騎馬裝。她常和費正清與夫人威爾瑪(費慰梅)去外國人俱樂部騎馬。她對我說的第一句話是:「你是用感情寫作的,這很難得。」這給了我很大的鼓舞。她說起話來,別人幾乎插不上嘴。別說沈先生和我,就連梁思成和金岳霖也只是坐在沙發上吧嗒著菸斗,連連點頭稱賞。

能夠得到林徽因的鼓勵,對於當時初在文壇嶄露頭角的蕭乾來說,是莫大的榮幸。她語言犀利,出口成章,以至於蕭乾每當聆聽林徽因對生活的精闢見解時,心裡都會想:倘若這位述而不作的小姐能像西元18世紀英國的約翰遜博士(Samuel Johnson)那樣,身邊也有一位博斯韋爾(James Boswell),把她那些充滿機智、饒有風趣的話一一記載下來,

那該是多麼精采的一部書啊!

此後,蕭乾與林徽因結下了深厚的友誼。林徽因去世後,蕭乾曾感慨地說:「在我心坎上,總有一座龕位,裡面供著林徽因。」

林徽因一生的文學作品並不多,卻涉獵很廣。在小說、詩歌、散文、戲劇等領域,她都屢出精品。如若真有人將這位才女伶俐的話語記錄下來,或許,那又將是一部讓人動容的曠世佳作吧。

第八輯　萬古人間四月天

病中筆耕不輟

民國時期，湧現過多位傳奇女子，其中宋慶齡、楊絳、林徽因等人一直被後人稱為「先生」，而「先生」是民國時代對女子最尊貴的稱呼，可見其在各自的領域中所做出的貢獻之大，足以勝過天下許多鬚眉。

林徽因自在建築產業成名以來，勤於工作是人們對她最深刻的印象。她雖出生於優越的家庭，卻能在艱苦的考察工作中親力親為，在職業生涯後期更是致力於發揚民族文化，務求窮畢生之力為建築產業發展奠定穩固的基礎。

然而，自小便患有肺病的林徽因在高強度的工作下不免身心疲憊，以至難以承受那日復一日的消耗。也許是長期以來體內累積的風寒過多，又或許是幼年時期留下的病根，在她以建築設計師的身分當選北京市代表後不久，便倒了下來，並住進了同仁醫院。曾經無數次困擾她的肺病再次復發，並且以比往常更強烈的勢頭步步侵蝕著她的身體。其實，早在十年前醫生便斷言林徽因身體虛弱，按常理推測不過尚有三五年光陰可耗，但林徽因恰是憑藉著樂觀堅強的性格，硬生生延後了十年。如今林徽因長期臥於病榻，可她並

病中筆耕不輟

沒有打算對醫院這種平靜卻又壓抑的環境妥協，每每身體稍有好轉，便手持文獻或紙筆繼續進行學術研究，認真起來常常連母親或是朋友前來都渾然不知。

林徽因在病榻上筆耕不輟的情形在史籍中多有記載，大多為當時的身旁好友所描述，其中以蕭乾所記載的情景流傳最廣：

> 聽說徽因得了很嚴重的肺病，還經常得臥床休息。可她哪像個病人，穿了一身騎馬裝……她說起話來，別人幾乎插不上嘴……徽因的健談絕不是結了婚的婦人的那種閒言碎語，而常是有學識、有見地，犀利敏捷的批評……她從不拐彎抹角，模稜兩可。這種純學術的批評，也從來沒有人記仇。我常常折服於徽因過人的藝術悟性。

然而，無論人的意志如何堅強也終究抵不過病情的不斷惡化，入院一段時間後，林徽因身體每況愈下，虛弱的身軀讓她艱難地喘息著，連一些日常工作的圖紙與出版社寄來的樣文亦被她放置一旁的小櫃無力兼顧。不巧的是，不久以後，梁思成因高燒不退也住進了醫院。醫生診斷後懷疑是肺結核覆發，把梁思成安排至林徽因旁邊的病房休養。夫妻倆被疾病困擾得難以活動，一連數日雖相隔數尺卻無緣得見。

1955年，對於梁思成夫婦而言是不平凡的一年。往常新春佳節二人都和家人一起在家中團聚，這一年卻不得不在醫

院度過。春節期間,醫院異常冷清,除了偶爾再冰與從誡前來探望之外,其餘時間二人都是獨自盯著天花板度過。生怕父母寂寞,從誡與再冰每當探望時都講述社會上的新聞與學校的所見所聞,這是梁思成與林徽因一天中最快樂的時刻。

本以為經過靜養林徽因的身體就會逐漸恢復,然而此次她的病實在太重,醫生護理師對此也束手無策。每當查房回來後,大家都會嚴肅商議林徽因的病情,最終得出的結果依然是「暫時保持目前治療方案」。

過完了春節,梁思成的病情稍微好轉,醫生允許他在附近稍稍走動,能夠自由活動的梁思成沒事就往林徽因病房裡跑,並為她朗讀當日報刊,偶爾在讀罷一篇後,梁思成稍作評論,以排解她久臥在床的寂寞。

看著梁思成埋頭於報刊中尋找趣聞朗讀的情景,林徽因不由得想起了梁思成受傷那年,當時的他如現在的自己一般躺在床上不能動彈,而自己也樂於為他朗誦小說、詩歌,沒想到轉眼間三十年過去了。所幸眼前人依然是當年自己傾心的另一半,雖然此時的他早已白了雙鬢,臉上亦再無昔日少年氣,但在林徽因眼中,梁思成依舊如往日一般意氣風發,那倔強且固執的少年心氣仍在心中,不增不減。

也許是梁思成每天陪伴的緣故,林徽因的身體恢復得十分迅速,不消數日便能稍作活動。直到此時,林徽因才略感

舒心，並再次提起筆，為建築事業的發展撰寫論文與報告。人生的道路何時走到盡頭，我們無從得知，但只要一息尚存，知足的人總會從荒蕪的歲月中尋得滿足。

第八輯　萬古人間四月天

華枝零落，永遠的人間四月天

　　三月，整個北京城迎接了春暖花開。本以為林徽因的身體會如世間萬物一般隨著暖陽的普照漸漸復甦，然而命運卻不遂人願，在這個萬物生長的季節，林徽因的身體日漸虛弱，曾經靈動的面容如今失去了生機，陷入昏迷的她艱難地喘息著，氣若游絲。

　　一開始醫生與護理師還整天腳步匆匆徘徊在病房附近，用各種儀器檢查，後來，進出病房的人越來越少，每每醫生查房後便不住地搖頭嘆息，直到最後醫生甚至禁止任何人前往探望，哪怕是親密如梁思成也只允許進房探望，但不許講話。

　　1955 年 3 月末，昏迷多日的林徽因渾身發熱，緊皺的眉頭與微顫的身軀洩露了她的痛苦。此時的林徽因感覺自己正置身於一片空茫中，腦子裡浮現出件件往事，一聲聲呼喚時遠時近，熟悉的聲音言猶在耳。

　　忽然，林徽因回過神來，朦朧中，眼前依然是那一片蒼白的天花板，身旁一名護理師恰好經過，潔白的口罩將她臉上的表情完全遮蓋，不知其所思所想。

華枝零落，永遠的人間四月天

「思成，思成！」林徽因用盡全身的力氣，呼喚出這個伴隨自己大半輩子的名字。她的甦醒明顯讓身旁的護理師感到震驚，數秒過後，護理師轉身回到她身邊，俯身與她溝通著。

「我想要見一見思成，我有話跟他說。」林徽因想要坐起，可空洞的無力感蔓延全身，她彷彿已經感覺不到自己軀體的存在。「夜深了，有什麼話明天再說吧。」護理師冷冷說道，隨後便轉身離去。

明天？對於林徽因而言，明天是一個遙不可及的奢望。她終究沒有等到「明天」。1955 年 4 月 1 日清晨 6 時，中國第一位女建築學家走完了她 51 年的人生。在一天中最清新的時刻，世界剛剛睡醒，朝露還沒有蒸發。此時，天堂的大門剛剛開啟，正準備迎接這個美麗絕倫的靈魂。

4 月 2 日，《北京日報》釋出了一代才女林徽因離世的消息，林徽因的一眾好友組成了治喪委員會，著手處理林徽因的後事。

4 月 3 日，林徽因追悼會於北京市金魚胡同賢良寺舉辦。

在追悼會現場，金岳霖所題寫的輓聯「一身詩意千尋瀑，萬古人間四月天」將林徽因的一生表現得淋漓盡致。這是對林徽因一生最好的注解。

第八輯　萬古人間四月天

　　鑑於林徽因生前設計中國國徽和人民英雄紀念碑的特殊貢獻，北京市政府決定，將她的遺體安葬於八寶山公墓。

　　林徽因曾和梁思成互有約定，誰先去世，活著的那個要為他（她）設計墓碑。梁思成履行了最後的承諾。他設計的墓體簡潔、樸實、莊重──也許，林徽因在他的心中，就是這個樣子。墓碑上，除了生辰年月，便只有「建築師林徽因之墓」幾個字。

　　生如夏花之絢爛，死若秋葉之靜美。林徽因一生的華美，斷不是庸常之人所能企及，亦足以無悔。活著的時候喜歡熱鬧，死去時，卻像青鳥一樣倦而知返，在月色還未散去的清晨踏著薄霧而去。

　　一代才女的人生，被季節封存在人間四月。

後記
林徽因生命中的三段情緣

後記　林徽因生命中的三段情緣

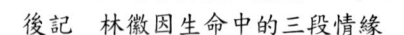

徐志摩：佳偶天成，奈何緣難聚

「輕輕的我走了，正如我輕輕的來；我輕輕的招手，作別西天的雲彩。」每每讀起徐志摩的這首〈再別康橋〉，心中都難免深感無奈。年少時不懂得所書何物，只道筆下所言不過尋常道別，讀起來難免略感矯情。後來，了解了徐志摩生平，方才懂得這位灑脫的詩人在紅塵中鬱鬱不得志時的無奈。

或許，在凡塵俗世中每一個人都難逃宿命的安排，那些尋不得的滄海一粟、邁不過的滄海橫流或是圓不得的黃粱一夢都終將使我們屈服於命運的捉弄，更不用說那些痛徹心腑的情與漸行漸遠的人。

塵世的美好大多不過如鏡花水月般，可望而不可即。徐志摩生來風雅，到世間一遭便是為了尋得真愛與自由而來，奈何他所生的時代尚餘不少封建社會的殘影，使他的前半生在時代的浪潮下歷經磨難。他的第一次婚姻便是父母之命，當時尚且年輕的徐志摩雖然對此無比厭惡，卻難以抗拒，只得選擇妥協。想來，世間萬物便是如此耐人尋味。徐志摩出身優越，擁有顯赫富裕的門庭、超凡脫俗的才華以及清秀儒

徐志摩：佳偶天成，奈何緣難聚

雅的容顏，普天之下富貴名利之於他皆唾手可得，奈何他的抱負是何其高遠，他不要富貴於人間，只要流傳於萬世。他背負著現代詩歌的浪漫與唯美，在這個戰亂頻仍的國度中開闢出一條新的道路。

徐志摩確實如此，除了他心之所向的國度，其餘一切都毫不在乎。第一任妻子張幼儀對他可謂百依百順，換作他人恐怕早已沉醉在其賢良淑德的溫柔之中。只可惜，徐志摩生來倔強，心中對真善美的追求使他無法容忍這一份無情無愛的婚姻。

其實徐志摩想要的並不多，也許他畢生所追求的不過是一個真正愛慕的伴侶，以及筆下那些浪漫唯美的詩篇。可在當時的年代裡，真愛與自由都不過是遠在天邊的星空皎月，哪怕出身名門望族才華橫溢如他，亦只能在茫茫人海中尋尋覓覓，歷盡悽風苦雨。

為了追求心中的夢想，他遠渡重洋尋找羅素求學，只是在那座雨霧之都他並沒有遇到羅素，而是遇到了那一個讓他畢生難忘的女子，金風玉露的相逢使他多年來對愛的幻想成為現實。那一年的林徽因正值花季年華，她從煙雨江南走來，一身柔情靈氣，亦不乏高貴優雅。那一年徐志摩 23 歲，事業剛剛起步，卻已是一個兩歲孩子的父親。而林徽因才 16 歲，雖然年幼的她對於感情一無所知，但是她自小受到的教

後記　林徽因生命中的三段情緣

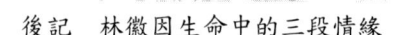

育以及與生俱來的純潔讓她對徐志摩望而卻步，因為她清楚地明白投身於這麼一份無果的愛情需要付出怎樣的代價。

康橋再如何浪漫，可它始終不比一生情緣，徐志摩與林徽因之間的傾城之戀始於康橋，終於康橋。作為民國女子，林徽因不敢義無反顧地忽略現實，亦不肯讓這場無果的戀情玷汙她的純潔，因此只能不辭而別，把往事掩埋於心中。

為了給這段感情一個完美的回應，徐志摩在林徽因回國後決意離棄髮妻，他寧願背負後世罵名而罔顧那份夫妻情分。為了靈魂的歸宿，他斬斷前緣，為心中所愛解除一切枷鎖。

想來愛情便是如此無理，有人認為徐志摩此舉實在過分，也有人支持徐志摩為了心中所愛而義無反顧，但我想對於徐志摩而言，這一切並非命運給他的選擇，而是他面前唯一一條通往畢生追求的道路。愛情本就如此，它本身有多少甜蜜，背後便會有多少殘忍，對張幼儀絕情冷漠的背後恰是徐志摩對愛情的無比執著。

真摯的感情從來沒有辜負二字，徐志摩在離開張幼儀後亦遇到了他無法逃避的劫數。林徽因與梁思成的婚禮碾碎了他的美夢，那曾經的濃情蜜意最終亦難逃幻化成煙的命運。更諷刺的是，在徐志摩肝腸寸斷處，恰是林徽因與梁思成攜手前行的起點。

徐志摩：佳偶天成，奈何緣難聚

　　幸好上天對這位才子尚不算苛待，讓他在生無可戀之時，遇到了另一位名媛──陸小曼。這位才情出眾的女子與林徽因的清淺不同，她是舞會的皇后，婀娜多姿風情萬種，她也是時代的珍寶，清雅出塵卻又嫵媚動人。

　　這對為愛痴狂的男女相戀的事在當時引起了極大的反響，他們一個是敢愛敢恨的才女，另一個則是畢生追求愛和自由的詩人，他們的相識讓彼此之間的情愫自此一發不可收。陸小曼不惜拋棄丈夫，打掉腹中胎兒，為的只是與徐志摩雙宿雙棲；而徐志摩在婚後更是眾叛親離，父親揚言斷絕他的一切經濟來源，而他只能多地輾轉授課去賺取家用供陸小曼花銷。

　　自小體弱多病的陸小曼為了緩解病痛帶來的折磨，開始吸食鴉片，這使徐志摩為了支付這筆龐大的開銷而不得不前往北京大學任職。分隔兩地的夫妻生活讓徐志摩每日飽受相思之苦，但陸小曼則沉迷在夜上海的燈紅酒綠中，不願前往北平與他相伴。因此，兩人婚後的生活在浪漫消退後逐漸出現了爭鬧，我想此時徐志摩在爭吵過後或許也會想起年少時曾有幸窺見的那一朵白蓮吧。

　　然而，年過而立的徐志摩對於感情一事亦逐漸看透，他明白每個人都有回不去的曾經，每個人也在紅塵中有自己的義務與情債。他和林徽因之間一直保持著清澈如水的友誼，

後記　林徽因生命中的三段情緣

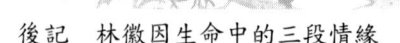

　　偶爾與陸小曼爭吵後他便前往林徽因家做客，甚至小住數天，但是對於當年濃烈的情愫徐志摩則隻字不提。

　　那一年，徐志摩日漸成熟的表現以及對文學的執著讓他在北平文學圈內頗有盛名，然而天妒英才，終因飛機失事而不幸離世。他的離去震驚了中國，讓林徽因心頭從此蒙上陰影，同時也讓陸小曼在紙醉金迷中驚醒。

　　短暫而驚豔的生命就此離去，這一生他得到過，失去過，負心過也被辜負過，他恍如那天空中的雲彩，來去不定清澈潔白，一生執著卻又敵不過命運的安排，到最後留下給世人的只有那一抹深情與一生才情。

金岳霖：月明人望盡，相思落誰家

茫茫紅塵，自古以來多少紅男綠女爭擠其中，哪怕傷痕累累依然樂此不疲。然而在民國時期卻有這麼一個人，他帶著一顆熾熱的心，在遠離紅塵的世界裡看著心上女子與他人共度人生，而自己卻死死按捺著那顆躍動的心，以局外人的身分看待著她與他的悲歡。

不是不能離開，而是心上人的一顰一笑使他的腳步難以邁開。自從遇上她以後，整個世界彷彿都因為她而煥發光彩，即使無法相愛，亦願窮一生光陰與她相伴。也許，他也在等待著內心冷淡的一天，可是濃厚的愛意始終在血液中流淌著，直到心上女子離世後，他依然帶著那一段短暫而美好的記憶度過餘生。

他便是有著中國邏輯學第一人稱號的學者──金岳霖。

在林徽因一生中最有名的三名傾慕者裡，金岳霖也許算是最鮮為人知的一個。他對於林徽因的情感不如徐志摩一般洶湧澎湃，也沒有如梁思成一般陪伴了林徽因一生，但他的愛卻絲毫不比徐志摩淡薄，也不比梁思成膚淺，他用一生的時間去陪伴與悼念，直到油盡燈枯時他依然不忍捨棄這段美

後記　林徽因生命中的三段情緣

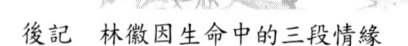

好的回憶，只得將其深埋於黃土。

說真的，如果把金岳霖放在武俠小說中，他必然是一個亦正亦邪的武林高手。作為邏輯學教授的他行為舉止均與整個時代格格不入。他酷愛母雞，在天下太平時更是以養雞為樂，與其同吃同睡。另外，金岳霖在青年時期更是與國外小女友過上了同居生活，而這一切在當時無一不是離經叛道之舉。而在對待林徽因的感情上，金岳霖的所作所為卻又是如此正派。在得知自己的存在帶給林徽因夫婦極大的困擾後，他便將對林徽因的情愫默默收藏於心中。

然而，感情之事又豈是用語言能夠表達的？在往後的日子裡，金岳霖在林徽因的生活中一路相伴，並且以兄長的身分對她萬分照料，舉手投足間更顯濃烈愛意。據說，金岳霖絲毫不忌諱別人談及自己對林徽因的感情，但卻從不主動示愛。他與梁思成一直保持著君子之交，對於林徽因的關愛亦是無微不至，但卻是發乎情止乎禮的君子之交。

多少年來，金岳霖一直與林徽因比鄰而居，無論是在北平還是昆明，只要有林徽因在的地方，金岳霖都會想方設法地在旁相守，默默地呵護，不求回報，不問結果。

回看眾人一生，徐志摩為了林徽因神魂顛倒，不惜離棄結髮妻子而追求幸福，然而當林徽因轉身離去後他便與嫵媚動人的陸小曼共結連理；梁思成雖與林徽因定下山盟海誓，

金岳霖：月明人望盡，相思落誰家

然而當林徽因離世以後，他另娶學生林洙為妻，安然度過餘生。換作尋常人如此舉動自是無可厚非，亦無過錯可言，但若與金岳霖相比，二人對林徽因的愛意則稍顯遜色。

林徽因離世後，金岳霖一直沉浸在對往事的回憶當中，為了靜守這一段珍貴且美好的回憶，他孤身一人存活在世界上，直到離世亦不忘初心。也許，對他而言早已習慣了有林徽因在旁的日子，哪怕是佳人香消玉殞後，那瀰漫在空氣中的美好氣息依然是他此生最為惦念的回憶。

而林徽因對於金岳霖的感情亦超過了尋常男女的友誼，每每遇到困難總會找金岳霖相助，哪怕是與梁思成鬧矛盾，她亦總會求助於理智冷靜的金岳霖。也許吧，正是金岳霖的這種不求回報的付出，方才能夠讓林徽因這般理智的女子亦安於將生活的一部分交託於他。

即便如此，兩人始終以摯友相稱。然而，金岳霖從沒有忘記過對林徽因的這段情感，哪怕是白髮蒼蒼之際，當他看到林徽因的照片時依然難免熱淚盈眶，多少前塵往事在時光的流逝中依然歷歷在目，林徽因昔日甜美的聲音依然言猶在耳。雖然心上佳人此時早已入土，往日點滴已隨煙雲消散，可在他的心中，林徽因依然高雅若蓮，清新脫俗。

「人生若只如初見，何事秋風悲畫扇。」金岳霖的一生總是讓人無法解讀，他面對內心的情愫絲毫不曾忌諱，哪怕是

後記　林徽因生命中的三段情緣

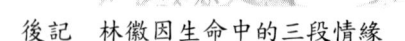

低微至塵埃裡的陪伴也絲毫不覺難堪，他那孤獨而不免悲涼的愛伴隨著他走過了一生，而他卻絲毫不理會他人的看法，只是隨心而行，伴隨著心愛的人同赴天涯，哪怕最終無果而歸。

晚年的金岳霖是孤苦的。獨自一人的生活使他嘗盡了孤獨的滋味，幸好林徽因的兒子梁從誡及其夫人一直以來均如同親生子女一般對他悉心照顧。有人說，在林徽因的傾慕者中，只有梁思成一人取得了勝利。其實在我看來，金岳霖在這一生中付出的與贏得的均多於梁思成。

不是嗎？他贏得了林徽因的信任，也贏得了梁從誡的回饋，他以孤苦的陪伴感動了所有人，就連梁思成亦將金岳霖當成了畢生的好友。到最後，哪怕是白髮蒼蒼時至暮年，當人們談論起林徽因的時候，依然會想起金岳霖。陳鍾英尋得一張林徽因的照片時第一時間找到金岳霖辨別真偽，並將照片贈送給他；出版社即將出版《林徽因詩詞集》時亦第一時間找到金岳霖作序。可見金岳霖這一生的付出並沒有白費，對於後人而言他不僅僅是邏輯學家、哲學家，更是林徽因的傾慕者與守護者。

因為相愛而不懼相負，這就是金岳霖的一生。從遇到林徽因開始，他一直伴隨著她，哪怕佳人已逝，他仍緊緊抓住這段可窮盡一生守候的回憶。或者，在金岳霖晚年孤身一人

金岳霖：月明人望盡，相思落誰家

時，他也曾遙望蒼穹，回憶起曾經的點點滴滴，把相思之苦寄託在天上的皎月，等待明月將這份歷久彌新的相思之情緩緩地為遠方的林徽因捎去。

後記　林徽因生命中的三段情緣

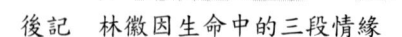

梁思成：緣深之時便是春日好時光

在一部電影中有過這麼一句話：「有時候你想證明給千萬個人看，到頭來你卻發現只要有一個人懂就足夠了。」剛聽到這句話的時候還略感矯情，但隨著年歲增長卻發現，在茫茫人海中，若得一人無條件地支持與理解，的確已經足夠。

眾所周知，林徽因在經歷了情竇初開的康橋之戀以後，選擇了梁思成作為終身伴侶，並且她的一生都是在梁思成的陪伴下度過的。在短短的一生中，梁思成與林徽因經歷了共同求學的美好，也在戰爭肆虐的年代中掙扎過，更是一同走過了追夢的旅途，甚至在林徽因生命的最後時光更是並肩對抗整個社會的言論，捨身保衛古建築文物⋯⋯一路走來，兩人相濡以沫，一直為中國建築產業的發展而奮鬥，同時也在有限的時光裡彼此傳遞了不曾磨滅的愛意。

梁思成伴隨著林徽因度過了太多值得留戀的時光，而優雅脫俗的林徽因也為梁思成的前半生增色不少。若沒有林徽因，梁思成也許只是一名事業有成的社會棟梁，而不曾經歷如此美好的往事；或許，他會成為一名偉大的政治家，畢生也不曾接觸中國古建築之美；又或許，他只是娶了一個平凡

梁思成：緣深之時便是春日好時光

的妻子，然後在自己的領域中成為專家，並隨著年歲的增長而漸漸被時光掩埋⋯⋯

能夠與靈動聰穎的林徽因結伴同行，就連梁思成自己也難免感到三生有幸。要知道，正值花季的林徽因在當時可謂才華驚人，高雅脫俗。對於梁、林二人的結合，就連當時在中國負有盛名的梁啟超亦深覺此乃思成畢生的福氣。甚至有人認為，若梁思成不是梁啟超的長子，沒有梁啟超與林長民之間的友誼，林徽因很有可能並不會選擇梁思成。

當然，這些不過都是外人的臆想。如林徽因一般唯美精緻的女子，自然有很多人覺得浪漫多情的徐志摩更符合她的擇偶標準。沒錯，梁思成自然不如徐志摩一般多才浪漫，也不及金岳霖一般睿智風趣，但他卻有一顆平凡且真摯的心，踏實且有禮的性格讓他能夠在愛情中給予對方更多的安全感，也正因如此，林徽因才會在眾多傾慕者中選擇了他，並與他共度一生。

在林徽因與梁思成結婚前，梁思成曾經問過林徽因：「有一句話，我只問這一次，以後都不會再問，為什麼是我？」林徽因只是淡淡一笑：「答案很長，我得用一生去回答你，準備好聽我了嗎？」這是何其睿智的回答，只消一句便讓梁思成從此心安。而林徽因所承諾的她也做到了，在這段愛情中她並沒有半途離場，直至生命的盡頭，她都依舊呼喚著梁思

後記　林徽因生命中的三段情緣

成的名字。

儘管這個男子並沒有過多的甜言蜜語,但他卻能夠伴隨自己走過千山萬水;儘管這個男子相對木訥寡言,但他的言語中卻有一份難得的踏實。作為一名女子,林徽因的畢生夙願不過是與相愛的人相伴到老,感受塵世間一粥一飯的溫熱,而這些梁思成都能夠完整地為她付出。

其實,天底下很多夫妻都如林、梁二人一般,性格互補的他們經常在瑣碎的生活中取得平衡,林徽因的靈巧與梁思成的嚴謹恰好締造了當時建築產業發展初期的一個神話。然而,凡事有利則有弊,二人在學術研究中亦經常爭吵。關肇鄴在著作《憶梁先生對我的教誨》中回憶說:「在先生那樸素而高雅的書房裡,經常可以聽到他們對學術上不同觀點的爭論。有時爭得面紅耳赤,但都有很充足精深的論據。我在旁靜聽,極受教益。也常有某一雕飾在敦煌某窟或雲崗某窟、某一詩句出於何人之作等的爭論而評比記憶力,等到查出正確結論,都一笑而罷。這些都使我感到多麼像李清照和趙明誠家庭生活中的文化情趣。」

總而言之,林徽因與梁思成的日常生活與我們常人無異,而唯一讓人感到羨慕的是二人能夠在事業上互相扶持,朝著共同的目標前進,這無疑對二人的感情提升有所幫助。據張清平在《林徽因傳》中介紹,當年梁思成是因為林徽因喜

歡建築學而學建築的。建築學於他們而言,是共同的事業,也是情感溝通的基礎。

奈何自古紅顏如名將,不許人間見白頭。在林徽因人生的後半段,她的身體逐漸被重疾侵蝕,最終以柔弱的姿態離世而去。自此以後,世間再無林徽因,她的一切都被載入史冊,還有那些關愛她的親朋心中。

後來,梁思成與學生林洙相伴,她沒有林徽因的美貌,亦無林徽因的才情,但她卻有著與林徽因一樣的夙願:擇一君子伴終生。林洙曾經如此讚美過林徽因,她說:「她是我一生中見過的最美麗、最有氣質的女人。風華絕代,才華過人。」也許她自知無論怎樣也無法成為另一個林徽因,她只願當一名平凡賢惠的妻子,在林徽因離世後安然伴隨梁思成度過餘生。

其實,梁思成的一生亦實屬不易,他與如此清雅的女子作伴,難免有無所適從之時,而林洙雖然與他年齡殊異,卻對他百依百順,用情至深。也許每一段愛情都有各自的好與壞,至於林徽因與林洙二人誰更適合梁思成,後人眾說紛紜,但無論如何,林徽因始終與他度過了最光輝與迷茫的時光,不管是戰亂逃亡還是意氣風發,林徽因一直相伴在旁,等待著新的希望。

如今一切早已化作雲煙,關於梁思成一生遇到的兩個女

後記　林徽因生命中的三段情緣

人,一個舉世無雙,一個平淡無奇,究竟哪一個方才是最美好的愛情?答案我想也不必深究:究竟是緣是債,是苦是甜,是喜是悲,旁人不得而知,但無論怎樣,對於當事人而言,緣深之時便是春日好風光。

附錄
林徽因生平大事記

附錄　林徽因生平大事記

1904 年

　　林徽因出生於浙江杭州，祖父林孝恂據《詩經》典故為其取名徽音，後改名徽因。

1909 年

　　林徽因隨祖父遷居蔡官巷。

1916 年

　　林徽因與表姐們進入培華女子學校讀書。

1920 年

　　林徽因隨父親遊歷歐洲，並在倫敦結識徐志摩。

1921 年

　　林徽因隨父親回國，並重遇梁思成。回國後，林徽因二進培華女子學校就讀。

1923 年

　　梁思成因交通事故而受傷住院，林徽因一直相伴在旁。

1924 年

　　泰戈爾訪華，林徽因重遇徐志摩，與泰戈爾三人被稱為「歲寒三友」。

1925 年

林徽因與梁思成前往美國求學。同年,林徽因父親林長民在倒戈反奉中意外身亡。

1928 年

林徽因與梁思成在加拿大結婚,並開始了歐洲遊歷之旅。

1929 年

林徽因與梁思成任職於東北大學建築系。同年梁啟超病故,林徽因隨梁思成回到北平祭奠。8 月,長女出生,取名「再冰」。

1931 年

林徽因由於肺病復發前往香山養病。12 月,徐志摩由於飛機失事身亡。

1932 年

8 月,林徽因誕下一子,取名「從誡」。是年,與費正清、費慰梅相識,並成為畢生好友。

附錄　林徽因生平大事記

1937 年

抗日戰爭打響,林徽因一家踏上了逃亡之旅。輾轉於天津、煙臺、濟南、徐州、鄭州、武漢後定居長沙。11 月長沙被日軍攻陷,林徽因一家經常德、晃縣、貴陽、鎮寧、普安、曲靖到昆明定居。

1940 年

林徽因一家隨營造學社遷至李莊。在李莊林徽因肺病復發,並在此養病將近五年。

1949 年

林徽因參與中國國徽設計,並被任命為北京市都市計畫委員會委員兼工程師。

1952 年

林徽因參與人民英雄紀念碑設計,並與梁思成翻譯了《蘇聯衛國戰爭被毀地區之重建》一書,由上海龍門書局印行。

1955 年

4月1日6時20分,林徽因病逝於同仁醫院。4月2日,《北京日報》發表訃告,治喪委員會由張奚若、周培源、錢端升、錢偉長、金岳霖等13人組成。4月3日在金魚胡同賢良寺舉行追悼會,遺體安放在八寶山公墓。

	國家圖書館出版品預行編目資料
電子書購買　爽讀 APP	愛而不貪，林徽因的詩意人生與理智愛情：平凡歲月中，純粹的愛與理性 / 沈念 著. -- 第一版. --臺北市：崧燁文化事業有限公司, 2024.12 面；　公分 POD 版 ISBN 978-626-416-175-6(平裝) 1.CST: 林徽因 2.CST: 傳記 782.886　　　　　　　113018346

愛而不貪，林徽因的詩意人生與理智愛情：平凡歲月中，純粹的愛與理性

臉書

作　　者：沈念
責任編輯：高惠娟
發　行　人：黃振庭
出　版　者：崧燁文化事業有限公司
發　行　者：崧燁文化事業有限公司
E - m a i l：sonbookservice@gmail.com
粉　絲　頁：https://www.facebook.com/sonbookss/
網　　址：https://sonbook.net/
地　　址：台北市中正區重慶南路一段 61 號 8 樓
8F., No.61, Sec. 1, Chongqing S. Rd., Zhongzheng Dist., Taipei City 100, Taiwan
電　　話：(02) 2370-3310　　傳　　真：(02) 2388-1990
印　　刷：京峯數位服務有限公司
律師顧問：廣華律師事務所 張珮琦律師

-版權聲明

本書版權為樂律文化所有授權崧燁文化事業有限公司獨家發行電子書及紙本書。若有其他相關權利及授權需求請與本公司聯繫。

未經書面許可，不得複製、發行。

定　　價：299 元
發行日期：2024 年 12 月第一版
◎本書以 POD 印製
Design Assets from Freepik.com